Planen, Lehren und Lernen in der Krankenpflegeausbildung

Begründungsrahmen und Entwicklung eines offenen, fächerintegrativen Curriculums für die theoretische Ausbildung

Uta-Karola Oelke

RECOM

für *Ursula Nguy*,
die den Anstoß zu dieser Arbeit gab
aber leider ihr Ende nicht mehr erlebt hat

Die Deutsche Bibliothek – CIP-Einheitsaufnahme

Oelke, Uta:
Planen, Lehren und Lernen in der Krankenpflegeausbildung :
Begründungsrahmen und Entwicklung eines offenen,
fächerintegrativen Curriculums für die theoretische Ausbildung
/ Uta Oelke. – Basel ; Baunatal : RECOM-Verl., 1991

ISBN 3-315-00088-3

RECOM = Trade Mark

© 1991, RECOM, Reinhardt Communications
Printed in Switzerland by Friedrich Reinhardt Druck Basel
ISBN 3-315-00088-3

Inhaltsverzeichnis

Einleitung

1985 wandten sich die Unterrichtsschwestern und -pfleger einer Krankenpflegeschule mit dem Anliegen an mich, ein «pädagogisch fundiertes Curriculum» für die theoretische Krankenpflegeausbildung zu konzipieren. Dieses stieß auf starkes Interesse meinerseits, war ich doch im Rahmen langjähriger Aktivitäten als Pflegehelferin und als Lehrende im Aus- und Fortbildungsbereich der Krankenpflege insbesondere auf folgende Probleme und Defizite der theoretischen Ausbildung aufmerksam geworden:

– Häufig bemängelten die Lehrenden und Lernenden, daß die Unterrichtsfächer wenig aufeinander abgestimmt seien, daß zwischen haupt- und nebenamtlichen Lehrkräften Koordinationsschwierigkeiten bestünden und eine Absprache über grundlegende Ausbildungsziele und -inhalte fehle. Sie kritisierten, daß es somit oft zu «Lücken» und «Überschneidungen» im gesamten Unterrichtsgeschehen komme.

– Im Unterschied zu der bislang bestehenden gesetzlichen Regelung der Krankenpflegeausbildung wurden 1985 in der «Ausbildungs- und Prüfungsverordnung für die Berufe in der Krankenpflege (KrPflAPrV)» erstmals übergreifende Inhalte für die Unterrichtsfächer formuliert. Auf diese neuen Vorgaben waren die Lehrkräfte inhaltlich nicht vorbereitet worden. In der Folge waren sie verunsichert und fühlten sich mit der Aufgabe überfordert, die Vorschriften, zu denen auch eine Erhöhung der Unterrichtsstunden von 1200 auf 1600 Stunden gehörte, umzusetzen.

– Zur gleichen Zeit verstärkte sich im Kreise engagierter Pflegekräfte die Diskussion um das eigene berufliche Selbstverständnis. In einer wachsenden Zahl von Veröffentlichungen wurden traditionelle pflegerische Wertorientierungen in Frage gestellt und neue Ansätze einer «patientenorientierten Pflege» entwickelt. In diesem Zusammenhang nahmen auch bei den Unterrichtsschwestern und

7

-pflegern die Auseinandersetzungen darüber zu, welche Ziele und Schwerpunktsetzungen zukünftig in der Krankenpflegeausbildung verfolgt werden sollten.

– Curricula, die sowohl erziehungswissenschaftlich ausgerichtet als auch auf die aktuelle Situation der bundesdeutschen Krankenpflegeausbildung bezogen waren, lagen zum damaligen Zeitpunkt nicht vor. Es konnte lediglich auf vereinzelte, zum Teil veraltete Stoff- und Lernzielkataloge zurückgegriffen werden, mit denen sich die oben genannten Probleme jedoch in der Regel nicht lösen ließen. Das heißt, es war von einem generellen Defizit an Konzeptionen für die theoretische Krankenpflegeausbildung auszugehen.

Inwieweit alle der von mir aufgeführten oder andere Faktoren das Interesse der Lehrenden an einem Curriculum für die theoretische Krankenpflegeausbildung begründeten, sei an dieser Stelle nicht weiter ausgeführt. Offensichtlich war jedoch, daß sie insbesondere das Problem der **inhaltlichen Ausbildungsgestaltung** bearbeitet wissen wollten und sich damit eine Verbesserung ihrer Praxis erhofften.

Zur Frage, von welchen erziehungswissenschaftlichen Grundannahmen und Erkenntnissen das Projekt seinen Ausgang nahm und welche übergreifenden Schwerpunktsetzungen daraus für Entwicklung und Konstruktion des Curriculums abgeleitet wurden, seien folgende Aspekte hervorgehoben:

1. 1974 veröffentlichte der DEUTSCHE BILDUNGSRAT «*Empfehlungen der Bildungskommission zur Förderung praxisnaher Curriculumentwicklung*». Die in diesen Empfehlungen beschriebene Ausgangslage weist in wesentlichen Punkten Parallelen zur oben dargestellten Krankenpflegeausbildungssituation auf:

«– die fortschreitende Auflösung des gemeinsamen kulturellen Rahmens, der auf traditionellen Bestimmungen beruhte und unbestrittene Bezugspunkte aufwies;
– einander widersprechende Analysen der gesellschaftlichen Probleme und unterschiedliche Vorstellungen von der künftigen Gestalt der Gesellschaft;
– Verunsicherung gegenüber bisher allgemein geltenden Normen;...» (DEUTSCHER BILDUNGSRAT 1974, A4)
«– Unsicherheit, Unzufriedenheit, Resignation... nicht nur bei älteren Lehrern...» (ebd. A8).

Im Unterschied zur Krankenpflegesituation werden die Probleme hier jedoch mit vorhergegangenen (curricularen) Bildungsreformbestrebungen in Verbindung gebracht (vgl. ebd., A4ff.) und nicht mit einem Mangel an solchen Bemühungen.

Die Forderung nach «praxisnaher Curriculumentwicklung» geht einher mit einer Position in der curriculumtheoretischen Diskussion, die als eine *«Curriculumtheorie auf dem Weg zum Erziehungsalltag»* (SCHULTE 1983, 375) verstanden werden kann. Sieht man davon ab, daß es sich bei diesem Postulat um eine «neue» Betonung des «alten» geisteswissenschaftlichen Grundsatzes der Erziehungswissenschaft als Wissenschaft von der Praxis für die Praxis handelt, so ist die *«Alltagswende»* (ebd., 376) in der Curriculumtheorie als Ergebnis bzw. Kritik der vorangegangenen ersten intensiven Curriculumforschungsphase in der Bundesrepublik zu betrachten. Zu dieser Phase ist rückblickend festgestellt worden, sie habe durch ihr objektivistisches, technologisches Vorgehen, ihre Konzentration auf die rationale, wissenschaftstheoretische Bearbeitung curricularer Fragen, ihre einseitige Zentralisierung auf schulferne Forschungsgruppen und höhere Ebenen der Schuladministration den Blick für die Schul- und Unterrichtspraxis verloren und eher zu Belastungen und Enttäuschungen als zur ursprünglich angestrebten Verbesserung dieser Praxis beigetragen (vgl. z.B. KNAB 1974, 179ff.; KLAFKI 1976, 118ff.; KLAFKI 1977; DEUTSCHER BILDUNGSRAT 1974, A4ff.; HEIPCKE/MESSNER 1975; SCHULTE 1983; HAFT/HAMEYER 1975, 38ff.; LOSER 1983; REETZ/SEYD 1983, 173).

In Anlehnung an diese Kritik und gemäß einem Selbstverständnis, das Curriculumentwicklung als von der Praxis ausgehend sich für deren Verbesserung einsetzend sieht, soll die curriculare Arbeit in dem vorliegenden Projekt in **praxisnaher Form**, das heißt in konkreter Anbindung an eine Krankenpflegeschule und in Zusammenarbeit mit den dort Lehrenden und Lernenden vorgenommen werden.

2. Die erziehungswissenschaftliche Perspektive, unter der das vorliegende Projekt bearbeitet wird, läßt sich auch durch ihre Nähe zum Ansatz der «kritisch-konstruktiven Didaktik bzw. Erziehungswissenschaft» von KLAFKI (vgl. KLAFKI 1971; 1977; 1980; 1985) und zur «emanzipatorisch-kritischen Berufspädagogik», als deren wichtigste Vertreter LEMPERT und BLANKERTZ (vgl. SCHNEIDER 1984, 209ff.) zu nennen sind, charakterisieren. Das heißt, es wird von einem bildungtheoretischen Verständnis ausgegangen, das sich an zentralen

Kategorien wie «Emanzipation», «Mündigkeit», «Selbst- und Mitbestimmungsfähigkeit» und «Solidarität» (vgl. KLAFKI 1980, 1985;
LEMPERT 1969b, 1976; BLANKERTZ 1963, 1980, 1982; VOIGT
1977) orientiert. Daraus ergeben sich folgende Konsequenzen für die
Curriculumentwicklung und -konstruktion:

– Die Entwicklung des Curriculums schließt eine **kritisch ausgerichtete Analyse der gesellschaftlich-historischen Situation** der Krankenpflegeausbildung ein. Dies erscheint einerseits notwendig, um
  die konkreten Bedingungen, Probleme und Ressourcen, bei denen
  die curriculare Arbeit ansetzt, zu identifizieren, andererseits soll
  damit der Versuch unternommen werden, zur Aufklärung der Betroffenen beizutragen (vgl. LEMPERT 1969b, 1973; BLAN-
  KERTZ 1980, 186ff.; THOMA 1974, 70ff.; DEUTSCHER BIL-
  DUNGSRAT 1974, 12).

– Das Curriculum soll ein **offenes Konstrukt** sein. Das heißt, es soll
  einen Rahmen abgeben, der Lehrenden und Lernenden Orientie-
  rungshilfen und Anregung bietet, der genügend Raum für situative
  Bedingungen des Unterrichts, für die Selbst- und Mitbestimmungsmöglichkeiten der Lehrenden und Lernenden läßt und Unterricht
  nicht von vornherein durch verhaltensorientierte Lernzielangaben
  determiniert (vgl. KLAFKI 1980, 1985; DEUTSCHER BIL-
  DUNGSRAT 1974, A15ff.). Es wird jedoch nicht von einem Begriff der Offenheit ausgegangen, der implizieren soll, *«daß im Unterricht noch alles ‹offen› sei»* (MOSER 1975, 114). So gibt es in der
  Krankenpflegeausbildung – wie in allen institutionellen Lernsituationen – Zwänge, *«die nicht einfach durch ‹offen› modellierte Lernsituationen übersprungen werden können»* (ebd.). In diesem Sinne
  wird eine Dominanz des «kommunikativen Aspekts» oder der
  «Schülerorientierung», wie sie beispielsweise von der neueren lerntheoretischen Didaktik (vgl. SCHULZ 1980) oder im Curriculum-
  ansatz von HEIPCKE/MESSNER (1975) vertreten wird, abgelehnt. «Offenheit» wird in dieser Arbeit nicht so verstanden, daß
  sie eine Strukturierung curricularer Vorgaben mit Begründung und
  Zielsetzung ausschließt (vgl. MOSER 1975, 123; DEUTSCHER
  BILDUNGSRAT 1974, A20ff.).

– Das Curriculum soll **fächerintegrativ** gestaltet werden. Das heißt,
  es soll nach bestimmten Themenbereichen strukturiert werden, die
  aus der jeweiligen Perspektive, dem spezifischen Erkenntnisstand
  verschiedener Fächer bzw. Fachwissenschaften integrativ bearbeitet werden. Dies ergibt sich einerseits aus der Vorstellung vom

«Exemplarischen Lernen» (KLAFKI 1985, 87 ff.), nach dem Bildungsprozesse nicht darauf angelegt sein sollen, die Lernenden zur *reproduktive(n) Übernahme möglichst vieler Einzelkenntnisse, -fähigkeiten und -fertigkeiten»* (ebd., 89), sondern zur aktiven Auseinandersetzung mit ausgewählten, «stoffreduzierten» Themenkomplexen zu bringen, an denen sie beispielhaft Einsicht in Zusammenhänge ihrer gegenwärtigen und zukünftigen Lebenssituation gewinnen und neue Handlungsperspektiven und Lösungsstrategien entwickeln können (vgl. ebd., 90). Andererseits liegt dem fächerintegrativen Ansatz ein Wissenschaftsverständnis zugrunde, demgemäß wissenschaftliche Erkenntnisse und Fragestellungen als didaktisches Prinzip dazu beitragen sollen, den Lernenden *«ein Lösungspotential für ‹Lebensprobleme›»* (ebd., 114) zu bieten. Bei der gegenwärtigen Spezialisierung der Wissenschaften erscheint dies insbesondere dann möglich, wenn ein Unterrichtsthema interdisziplinär (fächerintegrativ) bearbeitet und von einem Vorgehen Abstand genommen wird, nach dem verschiedene Unterrichtsfächer als *«verkleinerte Abbildung»* (ebd., 113) von Universitätswissenschaften beziehungslos nebeneinanderherlaufen.

3. Der methodologische Ansatz des Projekts steht in engem Bezug zu dem bislang Aufgeführten: So stellen die innovativ ausgerichtete Praxisorientierung sowie die zentrale Bedeutung der bildungstheoretischen Prämissen der «Emanzipation», «Selbst- und Mitbestimmung» sowie «Solidarität» ebenso Grundcharakteristika des Ansatzes der **Handlungsforschung** dar, wie er von W. KLAFKI aus erziehungswissenschaftlicher Perspektive formuliert wurde (vgl. KLAFKI 1975, 69 ff.; 1976, 59 ff., 117 ff.). Hier seien nun die weiteren Aspekte der Handlungsforschung genannt, von denen der Curriculumentwicklungsprozeß seinen Ausgang nimmt:

– Die Forschung greift unmittelbar in die Praxis ein, *«nicht erst nach einem abgeschlossenen Forschungsprozeß»* (KLAFKI 1976, 119). Das bedeutet konkret für dieses Projekt, daß Unterrichtseinheiten mit den Betroffenen entwickelt, im Unterrichtsalltag erprobt, ausgewertet und anschließend gegebenenfalls überarbeitet werden.

– Die beteiligten Lehrenden und Lernenden werden nicht als Forschungsobjekte betrachtet, sondern als Subjekte, die über zentrale Fragestellungen und Thesen der Arbeit aufgeklärt werden und denen gegenüber keine Forschungsgeheimnisse bestehen sollen (vgl. ebd., 80 f.).

– Die Betroffenen sollen die curricularen Entscheidungen selbst- und mitbestimmen sowie selbst- und mitverantworten (vgl. ebd., 120).

– Die Curriculumentwicklung wird *«als Lernprozeß für alle Beteiligten verstanden»* (ebd., 123). Das heißt, es wird davon ausgegangen, daß einerseits die Forscher Bestandteile ihres theoretischen Konstrukts durch die Auseinandersetzung mit der schulischen Alltagsrealität modifizieren, andererseits die Praktiker ihre Vorstellungen und Kenntnisse aus einem neuen Blickwinkel überdenken und in veränderter Form einbringen.

Die Gesamtarbeit ist in einen **TEIL I** und einen **TEIL II** gegliedert:

Im **TEIL I** wird im ersten Kapitel eine Analyse der krankenpflegerischen Ausbildungssituation vorgenommen, der dann eine Konkretisierung der didaktisch-curriculumtheoretischen Standortbestimmung des Projekts folgt (zweites Kapitel). Im Begründungszusammenhang dieser Erörterungen werden im dritten Kapitel die grundlegenden Ziel- und Inhaltsentscheidungen, die in Zusammenarbeit mit den Praktikern entstanden sind, dargestellt. Das vierte Kapitel enthält einen Rückblick über den curricularen Entwicklungsprozeß und leitet daraus Schlußfolgerungen ab.

Der **TEIL II** besteht im wesentlichen aus dem «offenen, fächerintegrativen Curriculum für die theoretische Krankenpflegeausbildung», in dessen Anwendung vorher kurz eingeführt wird und dessen Umsetzung am Beispiel der Krankenpflegeschule, an der es entwickelt worden ist, im Anhang verdeutlicht werden soll.

1. Die Ausbildungssituation in der Krankenpflege in ihrer Bedeutung für die Curriculumentwicklung

In diesem Kapitel sollen wesentliche Bestimmungsfaktoren der Krankenpflegeausbildung ermittelt und genauer beleuchtet werden, um sie in ihrer Bedeutung für die Entwicklung des Curriculums einordnen zu können. Dabei wird folgenden Fragestellungen nachgegangen:

- Welche rechtlich-institutionellen Rahmenbedingungen sind zu berücksichtigen, damit das Curriculum in der Praxis erprobt und umgesetzt werden kann? (vgl. Kap. 1.1)

- Welche Traditionen haben die Krankenpflegeausbildung bis heute maßgeblich geprägt? (vgl. Kap. 1.2)

- Welche wesentlichen Erwartungen werden gegenwärtig an die Krankenpflegeausbildung gestellt? (vgl. Kap. 1.3)

- Welche Merkmale sind für die Situation der Lehrenden und Lernenden charakteristisch? (vgl. Kap. 1.4)

- Sind didaktische Materialien (z. B. Lehrpläne, Lehrbücher, Stoff- und Lernzielkataloge) vorhanden, die für das Curriculum genutzt werden können? (vgl. Kap. 1.5)

- Welche Schlußfolgerungen lassen sich aus der Analyse der Ausbildungssituation für Curriculumentwicklung und -konstruktion ziehen? (vgl. Kap. 1.6)

1.1 Institutionell-rechtliche Aspekte der Krankenpflegeausbildung

Die Krankenpflegeausbildung nimmt innerhalb des bundesdeutschen Berufsausbildungssystems *«eine einzigartige und eigenständige Position ein»* (KURTENBACH u. a. 1987, 109), nach der sie weder dem Bereich der dualen noch dem der schulischen Berufsausbildung zuzuordnen ist. Das heißt, obwohl die Ausbildung de facto in dualer Form am Lernort Schule und am Lernort Betrieb (Krankenhaus) erfolgt, findet das Berufsbildungsgesetz vom 14. August 1969 keine Anwendung (§ 26 KrPflG), und in der Regel ist sie nicht der staatlichen Schulaufsicht unterstellt – wobei letzteres nicht ausgeschlossen ist (vgl. KURTENBACH u. a. 1987, 95).

Den rechtlichen Rahmen der Krankenpflegeausbildung stellen das von der Bundesregierung am 4. Juni 1985 verabschiedete «Gesetz über die Berufe in der Krankenpflege» (Krankenpflegegesetz – KrPflG) und die gemäß § 11 KrPflG am 16. Oktober 1985 erlassene «Ausbildungs- und Prüfungsverordnung für die Berufe in der Krankenpflege» (KrPflAPrV) dar. Gesetz und Verordnung sind zwar Ausdruck einer seit 1907 begonnenen staatlichen Regelung der Krankenpflegeausbildung[1], dennoch ist die öffentliche Einflußnahme nicht mit der bei der dualbetrieblichen Ausbildung gegebenen *«pluralistisch konzipierten Kompetenzverteilung»* (ARBEITSGRUPPE BILDUNGSBERICHT AM MAX PLANCK INSTITUT FÜR BILDUNGSFORSCHUNG 1990, 340f.) vergleichbar.

Die Gründe, die zur Sonderstellung der Krankenpflegeausbildung geführt haben, lassen sich im wesentlichen aus der geschichtlichen Entwicklung des Berufs herleiten: In den Aufbauzeiten des beruflichen Bildungssystems stand die Krankenpflegeausbildung nicht zur Diskussion, weil Krankenpflege nicht als berufliche, erwerbsmäßige (vgl. KRUSE 1987, 8, 13), sondern *«vornehmlich als karitative Tätigkeit»* (SCHELL 1987, 17) betrachtet wurde. Obwohl sich Krankenpflege in der Folgezeit zu einem bezahlten Beruf[2] entwickelte, blieb

---

[1] Preußen erließ 1907 als erster Bundesstaat «Vorschriften über die staatliche Prüfung von Krankenpflegepersonen», dem dann die anderen Bundesstaaten mit ähnlichen Regelungen folgten (vgl. SCHELL 1987, 26).

[2] Beispielsweise wurde der erste grundlegende Tarifvertrag 1963 abgeschlossen (vgl. KRUSE 1987, 21).

14

nach KRUSE ihre Außenseiterstellung im Berufsbildungswesen bestehen:

> *«Weder vom Gesetzgeber noch von den Ausbildungsstätten der Krankenpflege, noch von den berufsbildenden Schulen gingen Anregungen aus, die Krankenpflegeausbildung in die Entwicklung der beruflichen Schulen einzubeziehen oder sie an dieser Entwicklung teilhaben zu lassen.*
>
> *Alle berufspädagogischen Fortschritte einschließlich der Lehrerausbildung blieben für die Krankenpflegeausbildung ohne Auswirkung, zumindest ohne unmittelbare Auswirkung. So fehlt der Krankenpflegeausbildung und der sie betreffenden Regelungen, Strukturen und Inhalte bis heute weitgehend der Bezug zum beruflichen Bildungssystem»* (KRUSE 1987, 8).

Für die Entwicklung des Curriculums sind insbesondere folgende gesetzliche Rahmenbedingungen der Krankenpflegeausbildung von Bedeutung:

1. Wenn, wie beispielsweise in Niedersachsen, die Krankenpflegeausbildung nicht in den Geltungsbereich des Schulgesetzes fällt, dann ist sie demzufolge auch nicht dem für die allgemein- und berufsbildenden Schulen formulierten *«Bildungsauftrag der Schule»* (§ 2 NSchG) verpflichtet. Im Krankenpflegegesetz sind keine diesem Auftrag entsprechenden Bildungsziele, wie z. B. die Befähigung der SchülerInnen, *«Konflikte vernunftgmäß zu lösen, aber auch Konflikte zu ertragen»* oder *«sich Informationen zu verschaffen und sich ihrer kritisch zu bedienen»* oder *«sich im Berufsleben zu behaupten»* (§ 2 NSchG) genannt, sondern es wird lediglich ein Ausbildungsziel aufgeführt, das sich ausschließlich auf die beruflich-fachliche Qualifizierung der Lernenden bezieht und hier wegen seiner zentralen curricularen Bedeutung ausführlich zitiert sein soll:

> *«Die Ausbildung für Krankenschwestern und Krankenpfleger und für Kinderkrankenschwestern und Kinderkrankenpfleger soll die Kenntnisse, Fähigkeiten und Fertigkeiten zur verantwortlichen Mitwirkung bei der Verhütung, Erkennung und Heilung von Krankheiten vermitteln (Ausbildungsziel). Die Ausbildung soll insbesondere gerichtet sein auf*

*1. die sach- und fachkundige, umfassende, geplante Pflege des Pa-
tienten,
2. die gewissenhafte Vorbereitung, Assistenz und Nachbereitung bei
Maßnahmen der Diagnostik und Therapie,
3. die Anregung und Anleitung zu gesundheitsförderndem Verhalten,
4. die Beobachtung des körperlichen und seelischen Zustandes des
Patienten und der Umstände, die seine Gesundheit beeinflussen,
sowie die Weitergabe dieser Beobachtungen an die an der Diagnostik, Therapie und Pflege Beteiligten,
5. die Einleitung lebensnotwendiger Sofortmaßnahmen bis zum
Eintreffen der Ärztin oder des Arztes,
6. die Erledigung von Verwaltungsaufgaben, soweit sie in unmittel-
barem Zusammenhang mit den Pflegemaßnahmen stehen»* (§ 4
Abs. 1 KrPflG).

Das heißt, die Entwicklung des Curriculums findet einen gesetzlichen
Rahmen vor, der unter Verzicht allgemeiner Bildungsziele ausschließlich ein ausspezialisiertes, berufsbezogenes Ausbildungsziel beinhaltet, auf das hin Unterricht und die praktische Ausbildung ausgerichtet
sein sollen (vgl. KURTENBACH u. a. 1986, 145).

2. Nach der Ausbildungs- und Prüfungsverordnung vom 16. Oktober
1985 ist der Unterricht in der Krankenpflegeausbildung in zwölf Fächern bzw. Fächergruppen zu erteilen, deren Mindeststundenzahl
vorgegeben ist (vgl. Anlage 1 zu § 1 Abs. 1 KrPflAPrV). Diese Fächer
sind erstmals – und damit in gravierendem Unterschied zu den ab 1957
geltenden Ausbildungs- und Prüfungsordnungen (vgl. SCHELL 1987,
57 ff.) – hinsichtlich übergreifender Inhaltsaspekte aufgeschlüsselt.
Gemäß dem oben genannten Ausbildungsziel weisen Fächer und zu-
geordnete Inhalte eindeutig einen primär berufsbezogenen Charakter
auf; Inhalte, die dem allgemeinbildenden Unterricht berufsbildender
Schulen entsprechen könnten, lassen sich lediglich partiell in zwei
Fächern – «Berufs-, Gesetzes- und Staatsbürgerkunde» sowie «Spra-
che und Schrifttum»[3] – erkennen.

---

[3] Diese Fächer machen einen Anteil von 150 der vorgegebenen 1600 Unterrichtsstun-
     den aus (vgl. Anlage 1 zu § 1 Abs. 1 KrPflAPrV 1986).

16

Für die Curriculumentwicklung ergibt sich somit ein weiterer rechtlicher Bestimmungsfaktor, der die Berufsbezogenheit der Ausbildung in den Vordergrund stellt[4].

Darüber hinaus ist von Bedeutung, daß die inhaltlichen Vorgaben sehr übergreifend formuliert sind und damit einen hohen Gestaltungsfreiraum für die curriculare Arbeit bieten.

3. Aufgrund der gesetzlich formulierten Verpflichtung des Ausbildungsträgers,

«die Ausbildung in einer durch ihren Zweck gebotenen Form planmäßig, zeitlich und sachlich gegliedert so durchzuführen, daß das Ausbildungsziel (§ 4) in der vorgesehenen Zeit erreicht werden kann» (§ 14 Abs. 1 Satz 1 KrPflG),

läßt sich in bezug auf den Unterricht die Forderung nach einem Lehrplan ableiten. KURTENBACH u. a. gehen in ihren Erläuterungen zur Ausbildungs- und Prüfungsverordnung im wesentlichen davon aus, daß es in den Aufgabenbereich der Schulleitung fällt, Ausbildungsinhalte und Ziele zu erstellen und zu systematisieren (vgl. KURTEN-BACH u. a. 1986, 145).

Für die Curriculumentwicklung ist diese Gesetzesinterpretation insofern wichtig, als sie die Freiheit der Schule bezüglich der Unterrichtsgestaltung betont. Dabei versteht sich das vorliegende Curriculum als Gestaltungs- und Orientierungshilfe für alle an der theoretischen Ausbildung Beteiligten (und nicht nur für die Schulleitung).

Wenn sich zusammenfassend sagen läßt, daß der institutionell-rechtlichen Seite der Krankenpflegeausbildung *«der Nimbus des Besonderen (Gesonderten) anhängt»* (DÄTWYLER/LÄDRACH 1987, 13), so schließt sich die Fage an, inwieweit dies auch für die Ausbildungswirklichkeit zutrifft. Mit anderen Worten: Unterscheidet sich die Krankenpflegeausbildung von der allgemeinen Ausbildungsrealität, die nach LEMPERT und VOIGT unter dem *«Primat technisch-ökonomi-*

---

[4] GOLOMBEK, Hauptreferent der Deutschen Krankenhausgesellschaft, sieht in der – im Vergleich zur alten Ausbildungs- und Prüfungsordnung vom 2. August 1966 – *«größere(n) Berufsbezogenheit»* der neuen Ausbildungs- und Prüfungsverordnung eine *«deutliche Verbesserung»* (GOLOMBEK 1986, 1003).

scher Verwertbarkeit» (VOIGT 1977, 172) eher zur Anpassung an bestehende Verhältnisse, Kritiklosigkeit, Passivität, und Disziplinierung der Auszubildenden als zu deren beruflicher Mündigkeit beiträgt (vgl. ebd., 172f.; LEMPERT 1969a, 402; LEMPERT 1971, 51ff.; BAETH-GE 1969, 408f.)? Dieser Frage soll unter anderem in den folgenden Abschnitten nachgegangen werden.

1.2 Traditionen in der Krankenpflegeausbildung

Die Auseinandersetzung mit der traditionellen Entwicklung des Berufs nimmt gegenwärtig einen wachsenden Stellenwert in der Diskussion des Krankenpflegepersonals ein. Hinsichtlich einer detaillierten Analyse und Aufarbeitung der geschichtlichen Entwicklung sei deshalb auf die einschlägige Literatur verwiesen[5].

Der folgende Abschnitt konzentriert sich hingegen ausschließlich auf solche Aspekte, die in Hinblick auf die Ausbildung – und damit die Curriculumentwicklung – von Bedeutung sein könnten. Hierbei lassen sich unterscheiden:

– Die Bedeutung der krankenpflegerischen Berufsethik;
– Die Bedeutung der genossenschaftlichen Krankenpflege;
– Die Bedeutung der Medizin für die Krankenpflege.

1.2.1 Die Bedeutung der krankenpflegerischen Berufsethik

Das 19. Jahrhundert wird als der Zeitraum angesehen, in dem sich die ideellen und organisatorischen Wurzeln der heutigen Krankenpflege entwickelten (vgl. BISCHOFF 1984, 23ff.). Der gesellschaftliche Hintergrund läßt sich folgendermaßen skizzieren:

Infolge sozialer und gesundheitspolitischer Veränderungen des 19. Jahrhunderts, die beispielsweise durch hohen Bevölkerungszuwachs, Verstädterung, eine zunehmende Verelendung des Industrieproletariats, Sozialgesetzgebung, Krankenhausausbau und Entwick-

---

[5]   Insbesondere seien genannt: BISCHOFF 1984; STEPPE 1985a, 1985b, 1986, 1990;
      Dätwyler/LÄDRACH 1987; OSTNER/BECK-GERNSHEIM 1979;
      speziell für den Bereich der Ausbildung: KRUSE 1978, 1987; WANNER 1987.

lung der Medizin gekennzeichnet waren, und infolge von Kriegen entstand ein erhöhter Bedarf an Pflegepersonal, der von den Ordensschwestern und staatlich angestellten Wärtern und Wärterinnen nicht mehr gedeckt werden konnte (vgl. KRUSE 1987, 14 ff., WANNER 1987, 25 ff., BISCHOFF 1984, 66 ff.). Zudem wurde die Ausübung der Krankenpflege insbesondere von den Ärzten als mangelhaft empfunden. So bemerkt der Arzt DIEFFENBACH:

> *«Es ist ein wahrer Jammer anzusehen, welche Menschen man als Krankenwärter und Wärterinnen anstellt. Jeder Alte, Versoffene, Triefäugige, Blinde, Lahme, Krumme, Abgelebte, jeder, der zu nichts in der Welt mehr taugt, ist dennoch nach der Meinung der Leute zum Wärter gut genug... So ist denn dieser schöne, edle Beruf in Verruf gekommen»* (DIEFFENBACH 1832, 5 zit. nach STIKKER 1960, 90).

Zur selben Zeit wuchs im Kreis der bürgerlichen – insbesondere unverheirateten – Frauen das Bedürfnis nach außerhäuslicher Betätigung sowohl aus Gründen der eigenständigen ökonomisch-sozialen Lebenssicherung als auch *«um aus der Enge des Haushalts in die Öffentlichkeit zu gelangen»* (DÄTWYLER/LÄDRACH 1987, 32; vgl. auch KRUSE 1987, 15).

Die Rekrutierung dieser Frauen für die Krankenpflege ging mit dem erneuten Aufgreifen der in den letzten zwei Jahrhunderten in den Hintergrund getretenen (vgl. BISCHOFF 1984, 21 ff.) christlichen Vorstellung einher, die Pflege kranker Menschen sei «selbstloser Dienst für den Herrn», sei Ausdruck «totalen Gottesgehorsams»:

> *«Leitsprüche zweier großer Diakonissen-Mutterhäuser verdeutlichen diese Haltung. Über dem Eingang des Diakonissen-Mutterhauses Kaiserswerth steht geschrieben: ‹Er muß wachsen, ich aber muß abnehmen›. Für die Diakonissenschaft des Neuendettelsauer Mutterhauses hat der Satz ‹Mein Lohn ist, daß ich darf›, große Bedeutung»* (KRUSE 87, 20).

Mit der Auffassung, Krankenpflege sei unentgeltliches Dienen im Sinne des Herrn, konnte die geltende Norm *«eine Frau aus ‹gutem Hause› stellte ihre Familie bloß, wenn sie einer Erwerbstätigkeit nachging...»* (KRUSE 1987, 15) umgangen werden, so daß bürgerliche Frauen Krankenpflege praktizieren konnten, ohne dabei an Ansehen zu verlieren.

> *«Kein Beruf verträgt es so wenig, wie gerade der der Schwester, daß der Moment des Verdienstes in ihn hineingetragen und er zum Broterwerb wird. Im freiwilligen, selbstvergessenen Dienen liegt seine Größe: Durch Verdienenwollen könnte er leicht gerade an seiner Zartheit und seinem inneren Werte verlieren»* (Zeitschrift «Deutscher Frauenverband» 1901, zit. nach KRUSE 1987, 21).

Eine weitere wesentliche Komponente der sich im 19. Jahrhundert entwickelnden krankenpflegerischen Berufsethik lag in der Vorstellung vom «Wesen der Frau» und ihrer daraus resultierenden besonderen Eignung für die Krankenpflege: Aufgrund ihrer «weiblichen Natur», verbunden mit Eigenschaften wie Nächstenliebe, Mütterlichkeit, Schmiegsamkeit des Wesens, Geduld, Demut und Bescheidenheit (vgl. BISCHOFF 1984, 58 ff.; WANNER 1987, 29 ff., 57 ff.), und ihrer besonderen Begabung zur Hausarbeit (vgl. ebd.; DÄTWYLER/ LÄDRACH 1987, 27; OSTNER/BECK-GERNSHEIM 1979) wurde die bürgerliche Frau als die «geborene Krankenschwester» angesehen.

> *«Soll man aber eine Eigenschaft hervorheben, die vor allen anderen unentbehrlich ist zur Krankenpflege, so ist das zweifellos die **Selbstlosigkeit**, die **Selbstverleugnung**. In der That, wer andere mit Hingebung pflegen will, der darf nicht an sich denken, der muß es verstehen, sich selbst zu vergessen, nein, er muß gewohnt sein, sich selbst zu vergessen, ... Seiner Natur nach, **besitzt der Mann alles andere eher als gerade Selbstlosigkeit**. Der Mann ist Egoist und soll es sein... Die Frau ist dazu bestimmt, mit ihrer Person zurückzutreten, sich selbst zu vergessen, sich aufzuopfern für andere; ihr allein gebührt dafür auch die Palme der Selbstlosigkeit. Schon die Natur weist der Frau diese entsagungsvolle Stellung an, sie richtet des Weibes Denken und Trachten von allem Anfang an allein auf Selbstlosigkeit und Selbstvergessen»* (PFEIL SCHNEIDER 1903, 92).

Im folgenden soll der Frage nachgegangen werden, welchen Einfluß die genannten berufsethischen Vorstellungen auf die Ausbildung ausübten und inwiefern sie auch heute noch von Bedeutung sind.

1. Ausbildung hatte primär dem Ziel der Charakterbildung, der Förderung persönlicher Tugenden und sittlicher Einstellung im Sinne der Ethik zu dienen (vgl. WANNER 1987, 66). Wenn auch die Frauen die wichtigen krankenpflegerischen Eigenschaften von Natur aus besa-

ßen, so sah man es dennoch als notwendig an, Berufserziehung zur Vervollkommnung der asketisch-sittlichen Haltung, zur vollendeten selbstlosen Opferbereitschaft, zur *«Liebe, nimmermüde(n) Liebe»* (v. ZIMMERMANN 1911, zit. in BISCHOFF 1984, 79) und zur unendlichen Geduld, zu betreiben (vgl. ebd.).

> *«Eine gute Erziehung und eine gut geleitete Selbsterziehung zur Betätigung der Mütterlichkeit im Beruf sichert diesem für das ganze Leben den wertvollsten ethischen Unterbau»* (ALTER 1931, zit. ebd.).

Die Bedeutung der Charakterbildung in der Ausbildung wird auch heute noch betont. So nennt JUCHLI in ihrem Lehrbuch «Krankenpflege» (1987) an erster Stelle der Ausbildungsziele die *«Arbeit an der eigenen Persönlichkeitsbildung»*, während *«fachliche Kompetenz»* (ebd., 88) erst an letzter Stelle angeführt wird. Diese Vorstellung entspricht dem Pflegeverständnis der Autorin, nach dem die *«Seinsebene des Pflegenden»* (ebd., 54) beim pflegerischen Denken, Entscheiden und Handeln von großer Wichtigkeit ist: *«Krankenpflege gehört zu den ‹therapeutischen Berufen›, deren Wirksamkeit weitgehend von der Persönlichkeit des Helfenden bestimmt ist»* (ebd., 54).

Mitmenschlichkeit, Zuwendung, Intuition und Empathie gelten damit bis heute als wichtige pflegerische Eigenschaften und Fähigkeiten, die in der Ausbildung zu fördern sind (vgl. BISCHOFF 1984, 8; BARTHOLOMEYCZIK 1983)[6].

2. Gemäß einem Selbstverständnis von Krankenpflege als weiblicher Liebestätigkeit spielte die Vermittlung fachlichen Wissens und theoretischer Kenntnisse in der Ausbildung zunächst keine Rolle. Krankenpflege sollte im wesentlichen durch und im praktischen Vollzug erlernt werden:

---

[6] Welche Bedeutung beispielsweise der «Liebe» auch heute noch zugemessen wird, läßt sich daraus ablesen, daß 1986 beim Kongreß des Weltbundes der Krankenpflegerinnen (ICN) von der Präsidentin KIM die Losung *«Liebe»* als *«Leitwort für die nächsten vier Jahre»* (KROEKER 1986, 428) herausgegeben wurde:
> *«Wir müssen den Anteil der Liebe in unsere(r) Arbeit verstärken. Wir müssen sie einbringen in unsere regelmäßige Arbeit mit anderen. Liebe muß ein größerer Teil unseres Lebensweges werden, damit Krankenpflege effektiver arbeiten kann...»* (KIM zit. in KROEKER 1986, 428).

> *«Die Pflegetätigkeit läßt sich zum großen Teil auch anders als nach einem schulmäßigen Schema lernen... Die Glieder der religiösen Genossenschaften treten von vornherein in eine festgebildete ‹Tradition der Krankenpflege› und werden unablässig durch Übung und praktische Unterweisung für die Berufsaufgaben geschult, womit die gewissenhafteste, selbstlose und freudige volle Hingabe an den Beruf Hand in Hand geht...»* («Zeitfragen der Krankenpflege» 1921, zit. in KRUSE 1987, 92)

In der Regel bedeutete dies, daß die Ausbildung von den jeweiligen Arbeitserfordernissen abhängig war (vgl. WANNER 1987, 84) und insbesondere auf die Verrichtung von Hausarbeiten, wie Putzen und auch Handarbeit (vgl. STICKER 1960, 254), abzielte (vgl. BISCHOFF 1984, 100 f.).

> *«Bildung mußte insgesamt suspekt erscheinen, weil sie Wissen an die Stelle von Glauben, Qualifizierung an die Stelle von Eignung und Berufung setzte und Möglichkeiten zum Durchschauen der ideologischen Manipulation herbeiführte»* (WANNER 1987, 66).

Wenn auch Umfang und Bedeutung der theoretischen Ausbildungsanteile in den letzten Jahrzehnten wesentlich gestiegen sind[7], so findet die hohe Einschätzung der «Praxis» weiterhin ihren Ausdruck darin, daß beispielsweise

– eine Verlängerung der Ausbildung von 2 auf 3 Jahre noch bis in die 60er Jahre unter anderem mit dem Argument abgelehnt wurde, *«Krankenpflege als praktischer Beruf bedürfe keiner so langen Ausbildungszeit»* (KRUSE 1987, 165);
– die seit den 50er Jahren stattfindende Diskussion um die Erhöhung des theoretischen Ausbildungsteils eine hohe Zahl von Skeptikern aufwies (vgl. KRUSE 1978, 37; 1987, 119 ff.);
– eine einjährige rein theoretische Phase zu Beginn der Ausbildung als nicht denkbar erachtet (vgl. KURTENBACH u.a. 1986, 70; KRUSE 1987, 141 f.) sowie
– eine akademische Ausrichtung (auch in der Lehrkräftequalifizierung) von weiten Kreisen als nicht wünschenswert abgetan wurde (vgl. WANNER 1987, 237 ff.; STEPPE 1990, 10).

---

[7] Einen Überblick hierzu findet man bei GOLOMBEK 1986, 1005 und bei SCHELL 1987, 32.

22

3. Letztendlich bewirkte die Vorstellung von Krankenpflege als «Nicht-Beruf» eine Distanz zum Berufsbildungswesen (vgl. oben, S. 14) und war verbunden mit dem weitgehenden Fehlen einer durchsetzungsfähigen (gewerkschaftlichen) Interessenvertretung, die sich für eine Verbesserung der Ausbildungsbedingungen[8] eingesetzt hätte (vgl. STEPPE 1985a, 31; 1985b, 9f.; 1990, 10).

In diesem Zusammenhang sei hier nochmals betont, daß eine gesetzliche Regelung von Pflichten des Ausbildungsträgers und Rechten der Auszubildenden, wie sie für das duale Ausbildungssystem bereits 1969 in Form des Berufsbildungsgesetzes galt, für die Krankenpflegeausbildung erst 1985 in abgeschwächter Form formuliert wurde (vgl. KURTENBACH u. a. 1986, 110f.; vgl. unten, S. 30).

Zusammengefaßt läßt sich sagen, daß die Bedeutung der krankenpflegerischen Berufsethik für die Ausbildung in der noch heute nicht überwundenen Betonung einer Charakterbildung im Sinne einer dienenden und aufopferungsvollen Haltung liegt – verbunden mit einer geringen Bewertung kognitiv-theoretischer Ausbildungsaspekte sowie einer Vernachlässigung ausbildungsfördernder rechtlicher Rahmenbedingungen.

1.2.2 Die Bedeutung der genossenschaftlichen Krankenpflege

Die organisatorische Neugestaltung der Krankenpflege im 19. Jahrhundert bedeutete im wesentlichen, daß der größte Teil der Schwestern in weltliche oder kirchliche Genossenschaften (katholische Orden, Diakonissen, evangelischer Diakonieverein, Schwesternschaften des Deutschen Roten Kreuzes) eingebunden wurde. Diese waren – bzw. sind auch teilweise heute noch – in Form des sogenannten «Mutterhauses» organisiert, einer lebenslangen Glaubens-, Lebens- und Dienstgemeinschaft, in der die Schwestern ihre soziale und ökonomische Sicherheit erhielten und die wegen ihrer «sittlichen Unbedenklichkeit» für lange Zeit als allein zu akzeptierende Form der Schwe-

---

[8] So gab es «*bis in die 60er Jahre... Krankenhäuser bzw. Krankenpflegeschulen, die den Unterricht entweder in die Mittagspause der Schülerinnen oder auf die Abendstunden ab 20 Uhr legten, also nach einem mehr als 10stündigen Dienst*» (KRUSE 1987, 87f.).

sterntätigkeit bürgerlicher Frauen galt (vgl. WANNER 1987, 44ff.). Ausbildung war zunächst nur innerhalb einer dieser Gemeinschaften möglich[9]. In ihnen entstanden demzufolge auch die ersten Vorstellungen über Ziele und Durchführung der Ausbildung:

Wurde Ausbildung bei den katholischen Ordensschwestern ausschließlich als praktische Mitarbeit gesehen (vgl. KRUSE 1987, 27ff.), so brachte Pastor Theodor FLIEDNER mit der Gründung der Bildungsanstalt für evangelische Pflegerinnen (Kaiserswerther Diakonissenanstalt) im Jahre 1836 erstmals Überlegungen von einer Ausbildung als gezielte praktische Anleitung und theoretische Unterweisung ein (ebd., 35), formulierte Ausbildungziele[10] und führte vermutlich eine Abschlußprüfung durch (ebd., 38; vgl. auch STICKER 1960, 243ff.). Bei den Schwesternschaften des Roten Kreuzes wurde, trotz starker Skepsis gegenüber theoretischen Ausbildungsanteilen (KRUSE 1987, 46), ein Lehrplan für den Unterricht und die praktische Ausbildung entwickelt (ebd., 49ff.).

Allen genossenschaftlichen Ausbildungskonzeptionen war ein Verständnis von Krankenpflege als Dienst am Mitmenschen zur Ehre Gottes gemeinsam, demgemäß Ausbildung primär der Vervollkommnung sittlich-ethischer und religiös-caritativer Wesensmerkmale der zukünftigen Schwestern dienen sollte, während eine fachliche Qualifizierung kaum von Bedeutung war (vgl. ebd., 27ff.). Diese Vorstellung war von solcher Bedeutsamkeit, daß sie selbst bei A. KARLL, der Begründerin der 1903 entstandenen Berufsorganisation für freiberufliche Pflegerinnen Deutschlands, zu finden ist (vgl. ebd., 59). Dies, obwohl ihr berufliches Selbstverständnis und ihre Forderungen nach staatlicher Regelung einer auf drei Jahre erweiterten, unter verbesserten Rahmenbedingungen stattfindenden Ausbildung in scharfem Kontrast zu den konfessionellen Schwesternschaften standen (vgl. ebd., 54ff.).

Wenn auch die freiberuflich praktizierte Krankenpflege im Laufe dieses Jahrhunderts einen kontinuierlichen Bedeutungszuwachs

---

[9] Eine detaillierte Darstellung der Ausbildungsanfänge in den verschiedenen Genossenschaften findet sich bei KRUSE 1987, 27ff. und bei WANNER 1987, 44ff.

[10] Als solche sind für den Unterricht zu nennen: Pflegekenntnisse und chirurgische Fertigkeiten, Kenntnisse in Handarbeiten, elementare Schulkenntnisse, Betragen (vgl. STICKER 1960, 279).

24

verzeichnete, so soll im folgenden aufgezeigt werden, daß das gesamte krankenpflegerische Ausbildungsgebiet bis heute durch die traditionelle Einflußstärke der DRK- und konfessionellen Ausbildungsträger bestimmt ist. Dies ergibt sich bereits aus der Tatsache, daß nach KRUSE 1984 25% aller Ausbildungsplätze allein in katholischer Trägerschaft (vgl. ebd., 32) und nach WANNER 1987 knapp 50% aller Qualifizierungsmaßnahmen für krankenpflegerische Lehrkräfte in konfessioneller und DRK-Trägerschaft (vgl. ebd., 125) lagen.

1. Aus den Aufnahmebedingungen der verschiedenen Genossenschaften läßt sich ablesen, daß nur bestimmte Personen in die Gemeinschaft eintreten konnten: Frauen, die nicht jünger als 18 und nicht älter als 35 Jahre sein und aus dem bürgerlichen Mittelstand rekrutiert werden sollten (vgl. ebd. 28, 31, 46, 53; STICKER 1960, 136 ff.).

Die Tatsache, daß nur Frauen zugelassen wurden, spiegelt sich (in Zusammenhang mit den berufsethischen Vorstellungen, vgl. oben, S. 19 ff.) heute darin wider, daß mehr als 80 Prozent des Krankenpflegepersonals weiblich sind (vgl. STATISTISCHES BUNDESAMT 1989, 392).

Die überwiegende Rekrutierung von Mädchen aus einer mittelständischen Herkunftsfamilie wurde 1972 in einer Untersuchung von PINDING u. a. bestätigt (ebd., 37 ff.) und läßt sich gegenwärtig – unterstellt man einen Zusammenhang zwischen Bildungsabschluß und Schichtzugehörigkeit (vgl. z. B. v. FRIEDEBURG 1990, 243 ff.; KANDERS/ROLFF 1990, 258 ff.) – daraus ableiten, daß nach dem Krankenpflegegesetz von 1985 der Realschul- oder ein vergleichbarer Bildungsabschluß eine Zugangsvoraussetzung zur Krankenpflegeausbildung darstellt (§ 6 KrPflG; vgl. auch WHO 1979, 7).

Auch die Altersvorstellungen sind heute, zumindest was die untere Grenze betrifft, relativ gleich geblieben: Die Vollendung des 17. Lebensjahres ist eine weitere gesetzlich vorgeschriebene Ausbildungsvoraussetzung (§ 6 KrPflG), und eine etwaige Herabsetzung dieses Alters wurde bislang mit dem Argument, Jugendliche unter 17 Jahren seien den insbesondere psychischen Belastungen und Anforderungen der Ausbildung nicht gewachsen, abgelehnt (vgl. KURTENBACH u. a. 1986, 70).

2.

> *«Die ganze innere Heranbildung einer Pflegerin zu ihrem Beruf gründet sich nach allem Vorhergehenden darauf, daß sie dem göttlichen Willen sich unterwirft, den Gehorsam des Glaubens annimmt. Ist sie aber Gott gehorsam, hat sie gelernt, ihrem so vielfach zur Verkehrtheit, Lieblosigkeit und Sünde führenden Eigenwillen zu entsagen, dann fällt es ihr auch nicht schwer, sich unter die äußeren Ordnungen, in die sie gestellt ist, zu beugen und denjenigen Personen, von welchen sie Weisungen zu erhalten hat, Gehorsam zu leisten – selbstverständlich, soweit es nicht dem klaren Gebote Gottes selbst widerspricht. Wie aber im Menschen, so lange er lebt, eine gewisse Neigung, gegen Gottes Willen zu handeln und die natürlichen Triebfedern und Gesichtspunkte wieder zur Herrschaft gelangen zu lassen, nie ganz auszurotten ist, so hat auch eine Pflegerin immer wieder den Gehorsam gegen ihre Vorgesetzten neu zu üben»* (SICK 1887 zit. nach STEPPE 1990, 8 f).

Drei Merkmale waren für die Situation der «gebundenen» Schwestern charakteristisch (vgl. OSTNER/BECK-GERNSHEIM 1979, 13 ff.): Sie stellten ihr ganzes Dasein in die Verfügung der Gemeinschaft, sie wurden in ihr kaserniert und diszipliniert, und sie hatten sich in die Hierarchie dieser Gemeinschaft einzufügen (vgl. auch WANNER 1987, 44 ff.). Dementsprechend kamen der Ausbildung insbesondere die Funktionen der Disziplinierung und Gehorsamkeitserziehung zu, welche aufgrund der genossenschaftlichen Verfügungsgewalt über die einzelne Person leicht zu realisieren waren.

> *«Die Ausbildung in der Krankenpflege und das Einüben und Einfügen in die Formen der Dienst-, Lebens- und Glaubensgemeinschaft waren unlösbar miteinander verbunden; Ausbildung außerhalb der Gemeinschaft oder im Gegensatz zu ihr war nicht möglich. Wer die Normen und Wertmaßstäbe der Gemeinschaft nicht akzeptierte, mußte mit Sanktionen oder einem Ausschluß rechnen»* (KRUSE 1987, 67).

Der Aspekt der Kasernierung wirkte in der Ausbildung mindestens bis in die 70er Jahre beispielsweise dadurch nach, daß es einen Internatszwang für die Krankenpflegeschülerinnen gab.
So erfährt man in der Untersuchung von PINDING u. a. (1972), daß an 36 der 52 befragten Krankenpflegeschulen ein Internatszwang bestand, wobei diese Schulen im wesentlichen in konfessioneller oder DRK-Trägerschaft standen (vgl. ebd., 32 f.). Interessant ist, daß PIN-

DING u.a. hinsichtlich der Einschätzung des Internatslebens Unterschiede zwischen Schülerinnen aus konfessionellen und DRK-Schulen und denen aus freien und Universitätsschulen feststellten, die auf entsprechende Sozialisationseinflüsse zurückgeführt werden können: Die Schülerinnen der ersten Gruppe beurteilten insbesondere die Werte des Gemeinschaftslebens und *«das Training konfliktloser Anpassung vermittels Gemeinschaftserziehung»* (ebd., 99) als positiv und störten sich höchstens an zu strenger Internatsaufsicht; die Schülerinnen aus freien oder Universitätsschulen hingegen nannten als Vorteile des Internatslebens eher finanziell-materielle Erleichterungen und fühlten sich neben der strengen Internatsaufsicht insbesondere in ihrer persönlichen Freiheit eingeschränkt (vgl. ebd., 99f.).

Auch die Einordnung in ein hierarchisches System spielt heute noch – vorrangig in der praktischen Ausbildung im Krankenhaus (vgl. WILHELM/BALZER 1989; BURISCH 1987, 3f.; SPRONDEL 1972, 20; KOCH 1972, 71) – eine bedeutsame Rolle, wobei dies nicht ausschließlich auf genossenschaftliche Einflüsse, sondern auch auf andere Faktoren, wie die krankenpflegerische Berufsethik (vgl. oben, Kap. 1.2.1) und das Unterordnungsverhältnis der Krankenpflege unter die Medizin (vgl. unten, Kap. 1.2.3) zurückzuführen ist. BURGER/SEIDENSPINNER (1979) betonen, daß das Verhältnis der Auszubildenden zur Hierarchie *«in besonderem Maße von der Struktur des jeweiligen Krankenhausbetriebes abhängig ist»* und *«im Laufe der dreijährigen Ausbildung kaum eine Entwicklung erfährt»* (ebd., 87). Hinsichtlich hierarchischer Strukturen und Disziplinierungsmaßnahmen in der Krankenpflegeschule konstatieren sie, daß *«die Repressionen... teilweise unterschwellig und sehr subtil ab(laufen)»* (ebd., 97)[11], in Zusammenhang mit der Abschlußprüfung besondere Bedeutung erlangen und einerseits *«ängstliche und angepaßte Reaktionen»* (ebd., 98), andererseits jedoch stärkeren Widerstand der Schülerinnen als im Krankenhaus erzeugen (ebd., 98ff.).

Daß die Anpassung in konfessionellen und DRK-Ausbildungsstätten besonders ausgeprägt ist, zeigt die Studie von PINDING u.a. (1972): Die Schülerinnen solcher Schulen äußerten sich wesentlich unkriti-

---

[11] Als typisches Beispiel sei angeführt:
> *«Eine Rüge wegen zu langer Fingernägel z. B. wird nicht etwa sofort und direkt erteilt, sondern die betreffende Schwesternschülerin wird zur Unterrichtsschwester zitiert und dort auf diesen Mangel hingewiesen»* (ebd., 97).
> Ähnliche Beschreibungen finden sich bei MULKE-GEISLER 1982, 14, 23.

scher zu Ausbildungsmißständen, als dies Schülerinnen der freien oder Universitätsschulen taten (vgl. ebd., z. B. 79 ff., 93 ff., 107 ff.).

3. In Hinblick auf pädagogisch-didaktische Fragen ist festzustellen, daß die genossenschaftliche Ausbildung im wesentlichen an vorpädagogischen Sinn-Normen ausgerichtet, also normativ war[12]. Ausbildung hatte primär auf die Vermittlung christlicher Normen und Wertmaßstäbe und einer diesen entsprechenden Verhaltensformung abzuzielen: *«Alle fachlichen Kenntnisse und Fertigkeiten mußten mit dem angestrebten Rollenverhalten im Einklang stehen bzw. in Einklang gebracht werden»* (KRUSE 1978, 8).

Diese Vorstellungen zeigen Parallelen zur christlichen Pädagogik des 17. und 18. Jahrhunderts auf (vgl. BLANKERTZ 1982, 46 ff.). Es ist jedoch unklar, ob die Nähe durch eine bewußte Auseinandersetzung mit der Pädagogik zustandegekommen ist. KRUSE und WANNER, die eine fehlende Rezeption pädagogischer Überlegungen in der Tradition der Krankenpflegeausbildung feststellen (vgl. KRUSE 1987, 10, 105; WANNER 1987, 56), ist insofern zuzustimmen, als andere pädagogische bzw. bildungstheoretische Richtungen (z.B. aus der Aufklärung, der deutschen Klassik) in den traditionellen Ausbildungsvorstellungen der Krankenpflege nicht zu finden sind[13].

Die aus dem christlichen Menschenbild abgeleiteten Ausbildungs- und Erziehungsziele sind auch heute noch von Bedeutung, wie es sich exemplarisch an dem von der Arbeitsgemeinschaft krankenpflegender Ordensleute Deutschlands (AKOD) in Auftrag gegebenen *«Curriculum: Theoretische Ausbildung in der Krankenpflege»* (WODRASCHKE u. a. 1988) aufzeigen läßt.
In dieser Arbeit wird ein Ausbildungsverständnis betont, das von der Erziehung zur christlichen Haltung bzw. Persönlichkeit (vgl. ebd., 10 f.), von Leitzielen wie *«Bereitschaft zum Dienst am kranken, pflegebedürftigen Menschen im Geist des Evangeliums»* und der *«Anbah-*

---

[12] Zu Definition und Bedeutung «normativer Pädagogik» vgl. z.B. BLANKERTZ 1980, 18 ff.
[13] Dies kann auch auf das Selbstverständnis der Pädagogik des 19. Jahrhunderts zurückgeführt werden:
       «Die Berufsausbildung aber blieb der offiziellen Pädagogik fremd; diese konzentrierte sich ausschließlich auf den allgemeinbildenden, den «erziehenden Unterricht» (BLANKERTZ 1982, 201).

nung und Verstärkung einer christlichen Motivation für das berufliche Pflegehandeln» (ebd., 7 und nochmals 10) ausgeht und curriculare Ziele und Inhalte am christlichen Menschenbild orientiert (ebd., 7)[14].

4.

«Wer Machtpositionen für lange Zeit behaupten oder erobern möchte, muß versuchen, die junge Generation in seinem Sinne zu prägen» (LEMPERT 1969b, 401).

Ein weiterer gewichtiger ausbildungswirksamer Faktor ist in den Bestrebungen der Genossenschaften zu sehen, die eigene Machtposition sowohl im Konkurrenzkampf mit anderen Genossenschaften und den freiberuflichen Schwestern als auch gegenüber dem Staat zu erhalten bzw. zu erweitern. So gab es bis 1938 aufgrund des Widerstandes der religiösen Gemeinschaften keine einheitliche staatliche Regelung der Krankenpflegeausbildung (vgl. SCHELL 1987, 37 ff.; WANNER 1987, 78), und auch in der Folgezeit waren staatliche Einflußnahmen durch Kontroversen mit den konfessionellen Ausbildungsträgern gekennzeichnet (vgl. KRUSE 1987, 69 ff.) – mit der Folge der bereits aufgezeigten isolierten Stellung der Krankenpflegeausbildung im bundesdeutschen Ausbildungswesen (vgl. oben, S. 14 ff). Dabei waren und sind es vermutlich nicht nur ideelle Faktoren, die zur Ablehnung staatlicher Ausbildungskontrolle führ(t)en, sondern auch ökonomische Aspekte, nach denen der Kostenfaktor «Ausbildung» möglichst gering gehalten werden soll (vgl. BISCHOFF 1984, 100; WANNER 1987, 55). Solche Gesichtspunkte werden jedoch nicht direkt ausgesprochen, sondern es wird, wie beispielsweise in der Studie von PINDING u. a. (1972) betont, daß der Einsatz der Schülerinnen als Arbeitskraft verbunden mit ihrer kontinuierlichen Mitarbeit auf der Station zu einer Steigerung der Lernintensität führe, während Kritikpunkte der betrieblichen Ausbildung, wie Ausbeutung, Ausnutzung und fehlende Anleitung der Schülerinnen nicht genannt werden (vgl. ebd., 69 f., 81 ff.)[15].

[14] Zur Kritik des Curriculums vgl. ÖTV- FORTBILDUNGSINSTITUT FÜR BERUFE IM SOZIAL- UND GESUNDHEITSWESEN / STIEGLER 1989.
[15] Vergleiche analog hierzu für das duale Ausbildungssystem: Die Argumentation der Arbeitgeberverbände einerseits und die Mängel der betrieblichen Ausbildung andererseits (z. B. bei BAETHGE 1969, 403 ff.; LEMPERT 1974; VOIGT 1977, 161 ff.).

Die ablehnende Haltung gegenüber staatlichen Einflüssen findet ihr jüngstes Beispiel in den der Krankenpflegegesetzgebung von 1985 vorausgegangenen Auseinandersetzungen um die Integration der Krankenpflegeausbildung in das System des Berufsbildungsgesetzes. Diese Möglichkeit wurde abgelehnt, wobei

«einer der wichtigsten Gründe...darin zu sehen (war), daß die aus den Vertretern der Sozialpartner zusammengesetzten Berufsbildungsausschüssse mittels der konstitutiven Mitwirkungsrechte der Ausschüsse bei der Ausbildung gleichzeitig in den Selbstbestimmungsbereich der kirchlichen Träger von Krankenpflegeschulen Einfluß genommen hätten, also in einen Bereich, der nach Art. 140 GG in Verbindung mit Artikel 137 Abs. 3 Satz 1 der insoweit weitergeltenden Weimarer Reichsverfassung vor Fremdeinwirkung ausdrücklich geschützt ist» (KURTENBACH u. a. 1986, 110).

Wenn auch die statusbildenden Vorschriften des Berufsbildungsgesetzes in Form eines Kompromisses in den III. Abschnitt des Krankenpflegegesetzes von 1985 übernommen wurden, so finden sie doch keine Anwendung für Schülerinnen geistlicher Gemeinschaften, Diakonissen oder Diakonieschwestern (§ 22 KrPflG). Das heißt, auch heute noch kann Ausbildung in konfessionellen Ausbildungsstätten unter Ausschluß gesetzlich geregelter Verpflichtungen des Trägers und Rechte der SchülerInnen stattfinden, und auch heute noch kann nicht von einer Einheitlichkeit der Krankenpflegeausbildung ausgegangen werden.

Zusammenfassend ist den konfessionellen Genossenschaften eine hohe Bedeutung bei der Gestaltung und Festlegung der krankenpflegerischen Ausbildungsbedingungen zuzuschreiben. Dabei führten die Bestrebungen, staatliche Einflußnahmen weitestgehend auszuschalten, zu der gegenwärtigen Sonderstellung der Ausbildung im bundesdeutschen Bildungswesen. Des weiteren geht aus mehreren Publikationen hervor, daß die konfessionell-genossenschaftliche Vorstellung, Ausbildung habe der Einordnung in die Gemeinschaft, der Disziplinierung und der Übernahme religöser Normen und Werte zu dienen, bis in die Gegenwart von Bedeutung ist. Hinweise auf eine Reflexion pädagogischer Annahmen sind hingegen kaum zu finden.

1.2.3 Die Bedeutung der Medizin für die Krankenpflege

Nach einer jahrhundertelangen *«Herausbildung der Medizin als Wissenschaft in Auseinandersetzung mit religiösen und naturphilosophischen Spekulationen»* (THOMA 1979, 33) formierte sie sich in der ersten Hälfte des 19. Jahrhunderts als eine *«Naturwissenschaft vom Menschen»* (ebd.; vgl. auch BARTHOLOMEYCZIK 1983)[16]. Damit rückte ein Verständnis von Krankheit in den Vordergrund, das primär auf Krankheit als *«Verletzung der Organe und Gewebe»*, *«Störung körperlicher Funktionen»* und *«Einfluß pathogener Agentien»* (THOMA 1979, 33) ausgerichtet war. Wissenschaftliche Forschung und ärztliche Praxis wurden elementar durch dieses Verständnis geprägt – und sind es auch heute noch (vgl. stellvertretend für viele GEISSLER/ THOMA 1979). Die Behandlungserfolge, die dem naturwissenschaftlichen Wandel der Medizin zugeschrieben wurden, bewirkten eine wachsende gesellschaftliche Anerkennung der Ärzteschaft, verbunden mit einer Verfestigung jener dominierenden Stellung im Gesundheitswesen, wie sie heute vorzufinden ist.

Dies blieb nicht ohne Auswirkungen auf die Krankenpflege. Die gesellschaftliche und gesundheitspolitische Machtposition ermöglichte es den Ärzten, die pflegerischen Aufgabenbereiche im Sinne ihrer Interessen zu definieren, das heißt, der Krankenschwester im wesentlichen die Rolle der weisungsabhängigen Helferin des Arztes zuzuschreiben (vgl. KRUSE 1987, 24f.; STEPPE 1985b, 3ff.; STEPPE 1990, 3; WANNER 1987, 37ff.). Der Krankenpflege wurde das der «objektiven», naturwissenschaftlich-technischen, somatisch ausgerichteten Medizin komplementäre Aufgabenfeld der «subjektiven», emotionalen, ganzheitlichen Betreuung des Kranken, seiner nicht aufschieb- und rationalisierbaren Bedürfnisse zugedacht – verbunden mit einem hohen Anteil hausarbeitsnaher Tätigkeiten (vgl. OSTNER/ BECKGERNSHEIM 1979, 12ff.; BISCHOFF 1984, 88ff.). Die Krankenschwestern paßten sich dieser Erwartungshaltung mehr oder weniger widerstandslos an (vgl. WANNER 1987, 37ff.) bzw. traf sie sich mit ihrem eigenen Selbstverständnis (vgl. STEPPE 1985a, 31):

---

[16] BISCHOFF (1984) stellt sehr ausführlich den Ausdifferenzierungsprozeß der Heilkunde in *«männliche Medizin»* und *«weibliche Pflege»* (ebd., 27) sowie den damit einhergehenden Verlauf des ärztlichen Machtzuwachses dar (vgl. ebd., 27ff.).

«Diese Prägung (hat) weitgehend unreflektiert stattgefunden. Das traditionelle Rollenverhalten der Frau, verbunden mit einer religiös dienenden Haltung der Schwestern, förderte eine große Bereitschaft, übertragene, zugewiesene Aufgaben zur größtmöglichen Zufriedenheit der ‹Auftraggeber› zu erfüllen» (KRUSE 1987, 24).

Die Ausbildung stellte einen zentralen Faktor dar, der – unter Zustimmung des Krankenpflegepersonals – von den Ärzten über lange Zeit zur Sicherung ihres Einflusses und ihrer Interessen genutzt werden konnte. An welchen wesentlichen Gesichtspunkten dies zu erkennen ist und inwiefern es heute noch nachwirkt, sei im folgenden skizziert:

1. Aufgrund ihres Bedarfs an qualifiziertem Pflegepersonal ging eine Vielzahl von Initiativen zur Ausbildungsverbesserung von Ärzten aus: Sie setzten sich beispielsweise zu Beginn dieses Jahrhunderts für eine staatliche Regelung der Ausbildung ein (vgl. WANNER 1987, 72 ff.; KRUSE 1987, 69 ff.), plädierten für eine Anhebung des fachlichen Niveaus (vgl. DÄTWYLER/ LÄDRACH 1987, 108 ff.) und schrieben Krankenpflegelehrbücher (vgl. STICKER 1960, 19 ff., 82 ff.).

Gleichzeitig fielen wesentliche Gestaltungs- und Kontrollfunktionen der Ausbildung in die Hände der Ärzte: In der Regel waren sie es – eventuell noch Theologen –, die den theoretischen Unterricht erteilten (vgl. WANNER 1987, 76), während die Krankenschwestern für die praktische Anleitung zuständig waren. KRUSE (1987) beschreibt, daß sie noch 1969 erlebt hat, *«daß die ‹Schulschwester› als stille Zuhörerin am Arztunterricht teilnahm, um am nächsten Tag den Lehrstoff in einfacheren Worten vor und mit der Klasse zu wiederholen»* (ebd., 95).

Des weiteren ist anzuführen, daß noch bis 1957 die Leitung einer Krankenpflegeschule ausschließlich dem Arzt vorbehalten war (vgl. ebd., 24 f.) und erst im Krankenpflegegesetz von 1985 die Möglichkeit ausgeschlossen wurde, daß eine Krankenpflegeschule allein von einem Arzt geleitet wird (§ 5 Abs. 2 Satz 2 KrPflG 1985). Auch die Abschlußprüfung der Ausbildung hatte noch bis 1985 unter maßgeblicher Beteiligung der Ärzte stattzufinden: Nach der Ausbildungs- und Prüfungsordnung von 1966 (§ 4 Abs. 2 Satz 1, 2, 3) gehörten neben einem Medizinalbeamten zwei weitere Ärzte und nur zwei Krankenpflegekräfte dem Prüfungsausschuß an[17]. Nach der KrPflAPrV von 1985 (§ 3 Abs. 1) ist dieses Verhältnis zugunsten der Krankenpflegekräfte bzw. Unterrichtsschwestern und -pfleger verändert worden.

2. Ziele und Inhalte der Ausbildung waren auf die ärztlichen Erfordernisse bzw. den medizinischen Kenntnisstand ausgerichtet.

Ausbildung sollte primär darauf abzielen, eine gute – jedoch nicht zu gute – Krankenschwester heranzubilden (vgl. WANNER 1987, 42; KRUSE 1987, 23; DÄTWYLER/LÄDRACH 1987, 103 ff.):

> «Im allgemeinen stellen wir den Grundsatz auf: Eine tüchtige Schwester soll in medizinischen Dingen über dem mittleren Bildungsgrad ihrer Patienten stehen. Wird der Unterricht so erteilt, so braucht man gar keine Angst zu haben, dass man durch sogenanntes Halbwissen Anmassung oder gar Selbstüberhebung züchte» (ISCHER 1925 zit. in DÄTWYLER/LÄDRACH 1987, 112).

Das heißt, wichtig war eine Ausbildung, in der die Schwestern einerseits im Sinne der berufsethischen Vorstellungen zu Unterordnung, Gehorsam und Kritiklosigkeit dem Arzt gegenüber erzogen wurden. Andererseits waren fachliche Kenntnisse «in gemäßigten Grenzen» (ebd., 108) zu vermitteln, so daß «Schwestern nicht zu Maschinen, sondern zu verständnisvollen Helferinnen des Arztes» (ebd.) – und damit nicht zu seinen Konkurrentinnen – wurden (vgl. auch BISCHOFF 1984, 79 ff., 121 ff.).

Die inhaltliche Orientierung an der Medizin ergab sich im wesentlichen aus der Tatsache, daß Pflege als «Handlungsdisziplin» (ÖTV-FORTBILDUNGSINSTITUT/STIEGLER 1989, 27) auf Erfahrungswissen bezogen war, während der medizinische Bereich wissenschaftliche Erkenntnisse liefern konnte (vgl. BISCHOFF 1984, 94; WHO 1977, 5): «Medizinische Theorie galt und gilt noch als pflegerische Theorie» (WANNER 1987, 42).

---

[17] Darüber hinaus hebt KRUSE (1987, 168) hervor, daß das Fach «Krankenpflege» bis 1985 theoretisch vom Arzt, praktisch von der Unterrichtsschwester bzw. leitenden Schwester geprüft wurde.

So wundert es nicht, daß die in der Ausbildung vermittelten Inhalte sich im Sinne des naturwissenschaftlichen Krankheitsverständnisses primär auf Fragen des somatischen Krankheitsgeschehens, der medizinischen Diagnose und Therapie bezogen (vgl. KRUSE 1987, 167; WHO 1977, 5).

Der Anteil der an naturwissenschaftlich-medizinischen Aspekten ausgerichteten Unterrichtsstunden war (und ist) entsprechend hoch: Bis 1985 waren ein Drittel aller Unterrichtsstunden dem Fach «Krankheitslehre» zugeordnet und weitere rund 20% anderen Fächern des naturwissenschaftlichen Bereichs, das Fach «Krankenpflege» machte hingegen nur einen Anteil von ebenfalls 20% der Gesamtstunden aus (vgl. Ausbildungs- und Prüfungsordnung 1966, § 1 Abs. 1). Die Erhöhung der theoretischen Unterrichtsstunden nach der Ausbildungs- und Prüfungsverordnung von 1985 ging erstmals nicht mit einer Anhebung naturwissenschaftlich-medizinischer Unterrichtsstunden einher, sondern umgekehrt mit einer Herabsetzung der «Krankheitslehre»-Stunden zugunsten einer fast verdoppelten Anzahl von «Krankenpflege»-Stunden[18]. Dennoch ist auch 1985 ein sehr großer Anteil der Gesamtstunden an naturwissenschaftlich-medizinischen Inhalten orientiert (vgl. Anlage 1 zu § 1 Abs. 1 KrPflAPrV 1985).

3. Die Ausrichtung an der Medizin schlägt sich bis zum heutigen Zeitpunkt maßgeblich im Selbstverständnis der Pflegenden nieder (vgl. z. B. STEPPE 1990).

Wenn man davon ausgeht, daß die Pflegenden Anerkennung und Selbstwertgefühl weniger über die Gruppe der Patienten als vielmehr über die der Ärzte vermittelt bekommen (vgl. BARTHOLO-MEYCZIK 1981, 129; WILHELM/BALZER 1989, 176; WANNER 1987, 42; KRUSE 1978, 9; KRUSE 1987, 167), dann wundert es nicht, daß sie den Versuch unternehmen, ihr Image durch die Bevorzugung *«von technisch vermittelten Arbeitsakten medizinischen Handelns»* gegenüber der *«Gefühlsarbeit»* (WILHELM/BALZER 1989, 171) zu verbessern.

---

[18] Diese wurden von 250 Stunden nach der Ausbildungs- und Prüfungsordnung von 1966 auf 480 Stunden erhöht (vgl. Anlage 1 zu § 1 Abs. 1 KrPflAPrV 1985).

Dies spiegelt sich in der Ausbildung beispielsweise so wider:

Noch im Jahr 1983 konnte sich die Arbeitsgemeinschaft deutscher Schwesternverbände (ADS) nicht vorstellen, die Schulleitung in eigener Autonomie durchzuführen, und forderte weiterhin die Beteiligung von Ärzten (vgl. KRUSE 1987, 154).

Die von PINDING u. a. (1972) befragten Unterrichtsschwestern leiteten die Erhöhung der Unterrichtsstundenzahl im wesentlichen aus einer durch den medizinischen Fortschritt gegebenen Notwendigkeit ab (vgl. ebd., 71) – eine Begründung, die aus originär pflegerischen Erfordernissen resultieren würde, fehlt hingegen.

Nach der Erhebung von PINDING u. a. bevorzugten die befragten Schülerinnen im allgemeinen die medizinisch ausgerichteten Pflegetätigkeiten (vgl. ebd., 84 ff.) und zeigten mehr Interessse an den *«Arztfächern»* als an den *«Pflegefächern»* (ebd., 73). Zu ähnlichen Beobachtungen kamen BURGER/SEIDENSPINNER (1979) in ihrer Untersuchung: *«Ärzte sind für diese Schülerinnen die Kompetenz, an die sie sich wenden, wenn sie fachliche Fragen haben»* (ebd., 93).

Zusammenfassend läßt sich sagen: Der noch heute bedeutsame Einfluß der Medizin bestand bzw. besteht im wesentlichen sowohl in der organisatorisch-personellen als auch inhaltlichen Kontrolle und Gestaltung der Krankenpflegeausbildung. Dies wurde bzw. wird unter maßgeblicher Beteiligung der Krankenpflege mit dem Ziel verfolgt, die zukünftigen Krankenschwestern zu kompetenten, jedoch untergeordneten Helferinnen der Ärzte heranzubilden.

1.3 Gegenwärtige Erwartungen an die Krankenpflegeausbildung

Wenn auch die Curriculumentwicklung auf die theoretische Ausbildung und damit auf das Wirkungsfeld der Unterrichtsschwestern und -pfleger bezogen ist, so ist sie dennoch nicht unabhängig von den Ausbildungsvorstellungen, wie sie gegenwärtig im Kreis der Krankenschwestern und -pfleger, die für die praktische Ausbildung zuständig sind, formuliert werden. Unabhängig davon ist sie insbesondere deshalb nicht, weil eine so enge Verflechtung zwischen der Gruppe der

Krankenschwestern und -pfleger und der der Unterrichtsschwestern und -pfleger (diese sind Krankenschwestern/pfleger mit Zusatzqualifikation, vgl. unten, S. 44 ff.) besteht, daß es beispielsweise nicht möglich ist, bestimmte Ausbildungsvorstellungen nur der einen oder nur der anderen Gruppe zuzuordnen.

Die folgenden Ausführungen beziehen lediglich die Vorstellungen der Krankenpflegekräfte bzw. krankenpflegerischen Unterrichtskräfte ein, was insofern eine Einschränkung darstellt, als Krankenpflege (einschließlich Ausbildung) als fremdbestimmter[19] und wenig eigenständiger Beruf (vgl. MÜLLER 1983) in einem erheblichen Ausmaß von Außenerwartungen – insbesondere der Ärzte (vgl. oben, Kap. 1.2.3) – bestimmt war und ist. Eine gezielte Auseinandersetzung mit den Erwartungen der krankenpflegerischen Bezugsgruppen würde jedoch den Rahmen dieser Arbeit sprengen, zumal es in der Literatur keine tiefergehenden Ausführungen zu diesem Problemkomplex gibt. Darüber hinaus wird angenommen, daß sich maßgebliche Außenerwartungen im Selbstverständnis der Krankenpflegekräfte widerspiegeln und somit indirekt zur Geltung kommen.

Aus der Analyse der veröffentlichten Ausbildungsvorstellungen ging hervor, daß diese sich nach drei Richtungen unterscheiden lassen, die Ausbildung primär unter den Schwerpunkten
– der Qualifizierung für die gegebene Praxis,
– einer patientenorientierten Pflege
– einer personenorientierten Pflege
  betrachten.

1.3.1 Ausbildung als Qualifizierung für die gegebene Praxis

Unter diese Kategorie sind jene Erwartungen zu subsumieren, die Ausbildung funktional im Sinne des Erwerbs von im beruflichen Alltag erforderlichen Qualifikationen verstehen. Demgemäß sind die

---

[19] Die Mehrzahl der unter Kapitel 1.2 aufgeführten AutorInnen kommt zu dem Ergebnis, daß Krankenpflege – als Beruf und Ausbildung – sich primär «fremdbestimmt» entwickelt hat.

zukünftigen Krankenschwestern und -pfleger primär dahingehend auszubilden, daß sie die für das gegenwärtige Aufgabenfeld relevanten Fertigkeiten beherrschen. Als solche Qualifikationen lassen sich beispielsweise nennen:

- Patientenbezogene Maßnahmen wie: Beobachten des Patienten, Durchführung von Körperpflege, Hilfestellungen bei Nahrungsaufnahme und Ausscheidungen, Durchführung von Prophylaxen, Betten und Lagern des Patienten;
- Hilfe bei der ärztlichen Diagnostik und Therapie wie: Richten und Verabreichen von Medikamenten, Anlegen von Verbänden, spezielle Krankenbeobachtung;
- (in geringem Umfang) administrative Ausführungen wie: Ausarbeitung von Dienstübergaben, Visiten, Ausfüllen von Formularen (vgl. BÄUML 1985, 43).

Inwieweit das Erlernen der technischen Fähigkeiten mit dem Erwerb von Hintergrundwisssen oder/und der Auseinandersetzung mit emotional-sozialen Phänomenen einhergehen soll, wird in der Regel nicht weiter ausgeführt (höchstens pauschal gefordert). Betont wird insbesondere die Zielvorstelllung, die SchülerInnen zur schnellen, korrekten, umsichtigen und sicheren Durchführung der Pflegetätigkeiten zu befähigen (vgl. GUSSMANN u. a. 1986, 65; MULKE-GEISLER 1982, 15 ff.; MAIER 1979, 391). In dem Zusammenhang wird häufig beklagt, daß die Ziele durch eine unsystematisch und planlos, *«nach dem Prinzip Versuch und Irrtum»* (MARQUARDT/ZEUS 1989, 974) verlaufende Ausbildung schwer zu erreichen seien.

Neben dem Qualifizierungsaspekt ist festzustellen, daß die pflegepraxisbezogenen Ausbildungsvorstellungen häufig mit einer hohen Bewertung von Persönlichkeitseigenschaften und Verhaltensweisen, die als an den bürokratischen Normen des Krankenhauses orientiert zu bezeichnen sind (vgl. MAIER 1979, 391), einhergehen. Ein exemplarisches Beispiel hierfür stellen die sogenannten «Beurteilungsbögen» dar, die die SchülerInnen am Ende eines praktischen Ausbildungseinsatzes erhalten. Bei der Durchsicht von zwölf dieser an verschiedenen Ausbildungsstätten eingesetzten Bögen ergab sich, daß Persönlichkeitsmerkmale und Verhaltensweisen wie Zuverlässigkeit, Ausgeglichenheit, Belastbarkeit, Verantwortungsbewußtsein, Ehrlichkeit, Fleiß, Pünktlichkeit sowie ein ordentliches, gepflegtes und sauberes Erscheinungsbild von solcher Wichtigkeit sind, daß sie in der Regel nicht vereinzelt, sondern in gehäufter Form

Beurteilungskriterien darstellen (vgl. auch den veröffentlichten Beurteilungsbogen von GUSSMANN u. a. 1986, 64 ff. sowie KRÜGER 1990, 5 f.) [20].

1.3.2 Ausbildung im Sinne der patientenorientierten Pflege

Um die hier erfaßten Ausbildungsvorstellungen verstehen und einordnen zu können, ist es notwendig zu klären, was der Begriff «patientenorientierte Plege» bedeutet.

Zunächst ist festzuhalten, daß es keine allgemeingültige Definition von patientenorientierter Pflege gibt, sondern daß eine Vielzahl von Begriffen wie «patientenzentrierte», «individuelle», «ganzheitliche», «geplante» oder «prozeßorientierte» Pflege ohne Abgrenzung zueinander bzw. häufig synonym verwendet werden (vgl. WANNER 1987, 174).

Insbesondere die Verquickung der Begriffe «Pflegeplanung bzw. Pflegeprozeß» mit dem der «patientenorientierten Pflege» erscheint nicht korrekt, da es sich hierbei um zwei prinzipiell unterschiedliche Ansätze handelt, die sich zwar ergänzen können, nicht aber müssen.

Den Ausgangspunkt der Pflegeplanung[21] stellen in den USA Anfang der 60er Jahre einsetzende Überlegungen dar, Konzepte für eine effektivere, kostengünstigere Pflege zu entwickeln (vgl. ebd., 181). Dies traf sich mit den Interessen der seit diesem Zeitpunkt verstärkt an Universitäten ausgebildeten Krankenschwestern und -pfleger: Sie strebten eine Loslösung von einer auf *Instinkt und Einfühlungsvermögen»* (AGGLETON/CHALMERS 1989, 4) ausgerichteten Kran-

---

[20] Aufgrund der kleinen Stichprobe kann nicht von einer Repräsentativität des Befundes ausgegangen werden. Dennoch sei darauf hingewiesen, daß die Verfasserin bei ihrer praktischen Tätigkeit und in einer Vielzahl von Aus- und Fortbildungveranstaltungen immer wieder mit derartigen Beurteilungsmaßstäben sowie insgesamt mit den genannten pflegepraxisbezogenen Ausbildungsvorstellungen konfrontiert wurde.

[21] Die Begriffe «Pflegeplanung» und «Pflegeprozeß» werden hier synonym gebraucht.

kenpflege in Richtung einer rationalen, wissenschaftlich fundierten Herangehensweise an. Vor diesem Hintergrund wurde ein Ansatz entwickelt, der Krankenpflege als systematischen, planenden Vorgang beschreibt. Das Grundlegende des Pflegeprozesses kann nach AGGLETON/CHAMBERS (1989) durch folgende Schritte charakterisiert werden:

1. *«Die Einschätzung»* des Pflegebedarfs des Patienten;
2. *«Die Planung»* der Pflege anhand von Pflegezielen;
3. *«Die Ausführung»* von Pflegemaßnahmen gemäß den Zielen;
4. *«Die Bewertung»* der geleisteten Pflege anhand der Ziele (ebd. 4).

Es ist unschwer zu erkennen, daß dieser Ansatz allein nicht mit einem konkreten Verständnis von pflegerischen Inhalten, vom Menschen, seiner Krankheit und Betreuung gekoppelt ist und somit nach MISCHO-KELLING (1989) definiert werden kann *«als eine Summe von überlegten, logischen und rationalen Aktivitäten..., mittels derer die pflegerische Arbeit durchgeführt wird»* (ebd., 2).

Das Konzept des Pflegeprozesses wurde im Zeitraum von 1976 bis 1983 Gegenstand eines Forschungsprojekts der WHO (vgl. WANNER 1987, 189), an dem die Bundesrepublik Deutschland aufgrund *«ihres unterentwickelten Forschungsstandes»* (ebd.) in der Krankenpflege nicht teilnahm, jedoch zumindest durch eine Veröffentlichung in der DEUTSCHEN KRANKENPFLEGEZEITSCHRIFT (WHO, 1979) informiert wurde. 1981 erschien erstmals eine ausführliche deutschsprachige Monographie mit dem Titel *«Pflegeplanung»*. FIECHTER/MAIER stellen in dieser Arbeit Pflegeplanung nicht allein im oben genannten Sinn dar, sondern setzen sie in Beziehung zu einem Pflegeverständnis, das

– die Eigenständigkeit der Pflege betont (vgl. ebd., 22ff.),
– eine *«an den gesamten Gesundheitsbedürfnissen des Patienten»* (ebd., 25) und nicht nur an seiner Krankheit und deren ärztlicher Diagnostik und Therapie ausgerichtete Pflege postuliert und
– Hilfeleistungen *«an Menschen aller Altersstufen im Zustand von Krankwerden, Kranksein, Gesundwerden, Krankbleiben oder Sterben»* (KRUSE 1987, 8f.; vgl. FIECHTER/MAIER 1981, 20) fordert.

Dieses Pflegeverständnis kommt dem von STEPPE (1989) ausgeführten *«Grundkonsens aller patientenorientierten Theorien»* (ebd., 257)

sehr nahe[22]. Die von FIECHTER/MAIER vorgenommene Verbindung des planerischen mit dem patientenorientierten Ansatz prägte viele der nachfolgenden Arbeiten, so daß davon auszugehen ist, daß Ausbildungsvorstellungen, die die «Patientenorientierung» favorisieren, in der Regel Pflegeplanungsaspekte beinhalten und umgekehrt. In diesem Kontext[23] sind nun in den letzten Jahren vermehrt Erwartungen formuliert worden, Ausbildung im Sinne einer «patientenorientierten Pflege» zu verwirklichen. Hierbei lassen sich inhaltliche wie zielorientierte Aspekte unterscheiden.

Inhaltlich soll sich die Ausbildung möglichst auf einer der neu entwickkelten Pflegetheorien aufbauen (vgl. unten, S. 62f., 68f.) Die Ausbildungsziele sollen im wesentlichen auf den Erwerb von Kompetenzen, die zur Umsetzung der patienten- bzw. prozeßorientierten Pflege befähigen, ausgerichtet sein. Hierbei wird unterschieden in:

- **soziale Kompetenz**, konkretisiert beispielsweise in: Kommunikationsfähigkeit, Beobachtungsvermögen, der Fähigkeit, psychische Probleme des Patienten zu erkennen, Gespräche und Beratung mit Patienten und Angehörigen durchführen zu können (vgl. WANNER 1987, 199; KRUSE 1987, 9; ERATH-VOGT u.a. 1980, 7ff.; MISCHO-KELLING 1989, 16; JUCHLI 1987, 81; ÖSTERREICHISCHES BUNDESINSTITUT FÜR GESUNDHEITSWESEN 1983, 19f.).
  Die soziale Kompetenz ist im wesentlichen in Zusammenhang mit der Forderung nach «Patientenorientierung» zu verstehen.

- **intellektuelle Kompetenz** wie: Fähigkeiten analytischen und synthetischen Denkens, Problemlösungs- und Beurteilungsfähigkeit (vgl. WANNER 1987, 199; KRUSE 1987, 9; MISCHO-KELLING 1989, 2f.; JUCHLI 1987, 54, 85ff.; WHO 1979, 7; MARQUARDT/

---

[22] Pflegetheorien sind zunächst Ende der 50er Jahre im angloamerikanischen Raum entwickelt und in der Bundesrepublik Deutschland ungefähr seit Beginn der 80er Jahre aufgegriffen worden (vgl. STEPPE 1989, 255f.; WANNER 1987, 181f., 189). Wobei nach STEPPE noch nicht geklärt ist, *«was nun eine Pflegetheorie ist, oder ab wann eine theoretische Arbeit zur Pflege als Theorie bezeichnet werden kann...»* (ebd., 256) und von WANNER (1987) angeführt wird, daß aufgrund des defizitären Standes krankenpflegerischer Wissenschaft und Forschung die Rezeption der patientenortierten Pflegeansätze *«Gefahr läuft, nur in praktizistisch verkürzter Form behandelt zu werden»* (ebd., 190; vgl. auch BISCHOFF 1984, 134ff.).

[23] sowie auf der gesetzlichen Grundlage des Ausbildungsziels, nach dem die SchülerInnen zu einer *«umfassende(n)»* und *«geplante(n)»* Pflege befähigt werden sollen (vgl. § 4 Abs. 1 Satz 1 KrPflG 1985; vgl. auch oben, S. 12)

ZEUS 1989, 975; ÖSTERREICHISCHES BUNDESINSTITUT FÜR GESUNDHEITSWESEN, 19 f.).
Die intellektuelle Kompetenz ist im wesentlichen in Zusammenhang mit der Forderung nach «Pflegeplanung» zu verstehen.

Die Bedeutung dieser Vorstellungen für die Ausbildungspraxis wird folgendermaßen eingeschätzt:

Die Auseinandersetzung mit der patienten- bzw. prozeßorientierten Pflege nimmt einen wachsenden Stellenwert im Kreis von engagierten Pflegekräften und Unterrichtsschwestern/pflegern ein, wie es sich beispielsweise aus der hohen Anzahl von Publikationen in Krankenpflegezeitschriften sowie aus den Zielsetzungen neuerer Ausbildungskonzeptionen ablesen läßt (z. B. ÖSTERREICHISCHES BUNDESINSTITUT FÜR GESUNDHEITSWESEN 1983, 11 ff., 16 ff.; DBfK 1990, 2 ff.; SIEGER u. a. 1986, 3, 12 ff.; SCHWARZ-GOVAERS 1983).
Dies liegt im wesentlichen darin begründet, daß bei den Pflegekräften aus der Kritik an der Inhumanität des Krankenhauses, an der versachlichten, apparativ-technisch ausgerichteten Patientenbetreuung und aus der geringen beruflichen Autonomie das Bedürfnis nach einem neuen, eigenständigen Selbstverständnis gewachsen ist, das bereits in der Ausbildung vermittelt werden soll (vgl. MALZAHN 1979, 256 ff; BISCHOFF 1984, 7 ff., 134 ff.; WANNER 1987, 185 ff.; STEPPE 1989, 261 f.).

In der pflegerischen Realität hingegen, die nach wie vor primär am medizinischen Vorgehen ausgerichtet ist und durch eine *«sich teilweise dramatisch zuspitzende Personalsituation»* (STEPPE 1989, 255) bzw. den durch die öffentlichen Medien gehenden Begriff «Pflegenotstand»[24] charakterisiert werden kann, ist eine Umsetzung der patienten- bzw. prozeßorientieren Pflege nicht oder nur in ersten Ansätzen erfolgt (vgl. ÖSTERREICHISCHES BUNDESINSTITUT FÜR GESUNDHEITSWESEN 1983, 19; CLAUSS u. a. 1989, 22).

Zusammengefaßt bedeutet dies: Patienten- und prozeßorientierte Ausbildungsvorstellungen stehen – trotz eines Zuwachses ihrer Befürworter – in teilweise scharfem Kontrast zur pflegerischen Realität und damit zur praktischen Ausbildung der SchülerInnen.

---

[24] Für Publikationen in den Krankenpflegezeitschriften vgl. exemplarisch die Beiträge im RECOM MONITOR 1/1989 zum Thema «Ohne Pflege keine Zukunft».

1.3.3 Ausbildung im Sinne einer personenorientierten Pflege

Bei der Analyse insbesondere der konzeptionellen Arbeiten zur Krankenpflegeausbildung trat folgendes deutlich hervor: Von der Mehrzahl der AutorInnen wird erwähnt, daß eine auf Patientenorientierung ausgerichtete Ausbildung auch die Person des Pflegenden bzw. des Auszubildenden berücksichtigen muß, das heißt, eine sogenannte «Personenorientierung» aufzeigen soll.
Bei SIEGER u. a. (1986, 6) erfährt man beispielsweise, *«daß Patientenorientierung in der Pflege nur durch Schülerorientierung in Schule und Betrieb erfahrbar und damit erlernbar ist»*.
Einige Seiten später wird darauf nochmals in Form von drei der insgesamt neun Ausbildungsziele Bezug genommen (ebd., 13 f.). Genauere Ausführungen, die zur Begründung sowie zur Verdeutlichung von Umsetzungsmöglichkeiten und -schwierigkeiten dieser Aspekte beitragen könnten, fehlen jedoch, sieht man von einem Exkurs über einen wiederum am Thema der Patientenorientierung ausgerichteten Projektunterricht (ebd., 34 ff.) sowie einem Raster für die praktische Anleitung auf der Station ab (ebd., «Anhang 2», 71 ff.)

Auch SCHWARZ-GOVAERS postuliert neben einem pflege- einen *«personenorientierten Krankenpflegeunterricht»* (ebd., 1983a, 2) und geht davon aus, *«daß die Situation des Lernenden in den Mittelpunkt des Unterrichtsprozesses»* (ebd., 1983b, 8) gestellt sein soll. Ihre Ausführungen konzentrieren sich hingegen ausschließlich auf Fragen der Gestaltung eines *«patientenorientierten Krankenpflegunterrichts»* (vgl. Titel der Arbeit 1983).

Im Prinzip identisch ist die Vorgehensweise in den Curricula des ÖSTERREICHISCHEN BUNDESINSTITUTS FÜR GESUNDHEITSWESEN (1983) und des DBfK (1990). Im österreichischen Curriculum beispielsweise sind zwei Seiten unter der Überschrift *«Wir bilden selbstverantwortliche Menschen aus»* (ebd., 14) und ein Verweis auf die *«Emanzipationsidee der Erziehungswissenschaft»* (ebd., 20) zu finden. Jedoch entschuldigt man sich fast für diese Vorstellungen: *«An diesem Punkt mag man dem Curriculumteam vorwerfen, tatsächlich auf die Bahn der Utopie geraten zu sein»* (ebd., 20).

Allen genannten Arbeiten ist somit gemeinsam, daß sie eher auf der Ebene von Appellen zur «Personenorientierung», allenfalls ergänzt durch einige redundante Hinweise, stehenbleiben.

Allein in der Arbeit von MULKE-GEISLER (1982) ist ein anderes Vorgehen zu erkennen. Ausgangspunkt ihrer Ausführungen ist die Formulierung von Defiziten in der gegenwärtigen Ausbildungs- und Berufssituation. Ihre Kritik richtet sich darauf, daß die nicht umgesetzten Forderungen nach Patientenorientierung im Krankenhaus in der Regel mit individualisierten Vorwürfen an die Pflegenden einhergehen. Kaum verdeutlicht wird hingegen, bemängelt MULKE-GEIS-LER, *«daß Inhumanität im Krankenhaus vor allem ein Problem von Institution und Organisation ist und in starker Abhängigkeit davon ein zwischenmenschliches Problem»* (ebd., 2).

Hierauf aufbauend fordert sie eine Veränderung der Ausbildung, die *«auf zwei Ebenen verlaufen (muß). Zum einen müssen den Schülern Handlungsmöglichkeiten zur Verfügung stehen, mit denen sie ihre Berufssituation bewältigen können. Zum anderen müssen bestimmte Strukturen innerhalb der Institution Krankenpflege verändert werden»* (ebd., 24).

Als solche in der Ausbildung zu erwerbenden Qualifikationen führt MULKE-GEISLER an:

«– Bewußtwerden der eigenen Situation (Zwänge, Ängste, Abhängigkeiten, Stärken und Schwächen, unterschiedliche Interessen usw.)
– Geschärfte Wahrnehmung nach innen und außen
– Reflexion der eigenen beruflichen Sozialisation
– Erkennen, Ansprechen und Durchsetzen eigener Bedürfnisse
– Erkennen von Bedürfnissen anderer Menschen/Eingehen auf Bedürfnisse anderer Menschen (Empathie)
– Verantwortliche Selbstbestimmung/verantwortliche Mitbestimmung (Entscheidungskompetenz)
– Aufrechterhaltuing innovativer Kompetenz/Entwicklung innovativer Kompetenz
– Solidarische Form der Konfliktbewältigung
– Fähigkeit zur Auseinandersetzung mit Leiden, Sterben, Tod
– Fähigkeit zu einfühlsamem Umgang mit Gesprächssituationen»
(ebd.)

Anschließend setzt sie sich detailliert mit der Frage auseinander, inwieweit unter der formulierten Zielsetzung eine Ausbildungsveränderung durch die *«Integration von TZI-Elementen»* (vgl. Titel der Arbeit) erreicht werden könnte (vgl. ebd., 24ff.) und mit welchen Schwierigkeiten hierbei zu rechnen ist (vgl. ebd., 31ff.).

Zusammengefaßt läßt sich sagen, daß lediglich die Arbeit von MUL-KE-GEISLER einen ausgearbeiten Ansatz zu einer «personenorientierten» – oder mit anderen Worten: einer der (kritisch-konstruktiven) Erziehungswissenschaft nahestehenden – Ausbildungsvorstellung aufweist, während dieser Begriff in der weiteren vorgefundenen Literatur auf der Ebene des Appells verweilt.

1.4 Die Lehrenden und Lernenden in der Krankenpflegeausbildung

1.4.1 Die Lehrenden in der Krankenpflegeausbildung

Dieser Abschnitt soll sich auf die Lehrkräfte im Bereich der theoretischen Krankenpflegeausbildung konzentrieren. Hier wiederum gilt das Schwergewicht den krankenpflegerischen Lehrkräften, den sogenannten Unterrichtsschwestern und -pflegern (USUP), die neben einer Vielzahl von nebenamtlich beschäftigten HonorardozentInnen den hauptberuflichen «LehrerInnenstamm» der Krankenpflegeschule ausmachen. Die Unterrichtsschwestern und -pfleger werden bei der geplanten Curriculumarbeit die zentrale Position für die Gruppe der Lehrenden einnehmen.

Folgenden Fragen soll nachgegangen werden:

1. Durch welche Merkmale ist die Situation der Unterrichtsschwestern- und pfleger, insbesondere ihre Qualifizierung, ihr Status und ihr Tätigkeitsfeld zu charakterisieren?

2. Durch welches berufliche Selbstverständnis zeichnet sich die Gruppe der USUP aus?

3. Inwieweit läßt sich eine Auseinandersetzung der Unterrichtsschwestern- und pfleger mit erziehungswissenschaftlichen Erkenntnissen und Fragestellungen feststellen?

1. Hinsichtlich ihrer Qualifizierung weisen die Unterrichtsschwestern und -pfleger eine Reihe von Merkmalen auf, die sie von LehrerInnen in allgemein- und berufsbildenden Schulen unterscheiden:

44

– Die Lehrkräfte erlangen ihre Qualifikation nicht durch ein Studium, sondern durch die Teilnahme an einem Weiterbildungslehrgang. Zugangsvoraussetzung zur Lehrkräftequalifizierung ist entsprechend auch nicht die allgemeine Hochschulreife, sondern eine abgeschlossene Krankenpflegeausbildung und in der Regel eine mindestens zweijährige Berufserfahrung.

Zwar existiert seit 1979 in Osnabrück ein berufsbegleitender Studiengang für Lehrpersonen an Schulen des Gesundheitswesens, dieser versteht sich jedoch nicht als grundständiger Hochschulstudiengang, sondern als Qualifizierungsangebot für Personen, die bereits weitergebildet sind und über eine mindestens zweijährige Unterrichtserfahrung verfügen (vgl. WANNER 1987, 210). Der Abschluß dieses Studiengangs ist nicht mit akademischen Abschlüssen zu vergleichen, sondern befindet sich auf der Ebene eines Zertifikats (vgl. WITTNEBEN 1988, 27; EHRHORN 1989).

Die einzige universitäre Grundqualifizierungsmaßnahme, der in Berlin von 1979 bis 1982 durchgeführte Studiengang «Lehrkräfte für Medizinalberufe», kam über das Stadium des Modellversuchs nicht hinaus (vgl. WANNER 1987, 210ff.).

– Die Weiterbildung zur/zum Unterrichtsschwester/pfleger ist nicht staatlich geregelt (ebd., 109)[25], sondern unterliegt den jeweiligen Schwerpunktsetzungen der privaten, kirchlich-caritativen oder beruflich-öffentlichen Träger (vgl. ebd., 125). Dies bedeutet, daß die einzelnen Weiterbildungslehrgänge nicht nur von den unterschiedlichen Einstellungen und Qualifizierungsvorstellungen der Träger geprägt sind (vgl. ebd., 135ff.), sondern teilweise erhebliche Differenzen hinsichtlich der Lernbedingungen aufweisen. Beispielsweise
  • dauert der Lehrgang bei einem Träger 12, bei einem anderen 28 Monate;
  • umfaßt er hier 3400, dort 1868 Unterrichtsstunden;
  • variiert der Prozentanteil der Praktika zwischen 17% und 50% der gesamten Lehrgangsstunden;
  • liegt die Lehrgangsgröße in einigen Institutionen bei 10 bis 20, in anderen bei 40 bis 50 TeilnehmerInnen pro Jahrgang;

---

[25] Sie endet dementsprechend nicht mit einer staatlichen Lehramtsprüfung und enthält keinen staatlichen Vorbereitungsdienst (vgl. KRUSE 1978, 1; WITTNEBEN 1988, 26).

- werden in einigen Einrichtungen zukünftige Unterrichtsschwestern und -pfleger zusammen mit zukünftigen Pflegedienstleitungen in einem Kursus weitergebildet, in anderen hingegen ist davon Abstand genommen worden (vgl. ebd., 128 ff.).

– Die Weiterbildung ist mit erheblichen finanziellen Belastungen der LehrkräfteanwärterInnen verbunden:

> «Zu dem Verdienstausfall treten Lehrgangskosten in Höhe von zum Teil mehr als 10.000,– DM. Für alle diejenigen Schwestern und Pfleger, die nicht von ihren Krankenhäusern unter Fortzahlung der Bezüge und Übernahme der Lehrgangskosten freigestellt werden, entstehen erhebliche finanzielle Einbußen, die ohne die Zuschüsse nach dem AFG (Arbeitsförderungsgesetz UO) meist nicht zu tragen sind» (ebd., 111).

Anhand der dargestellten Qualifizierung der Unterrichtsschwestern und -pfleger läßt sich bereits vermuten, daß sie hinsichtlich ihres finanziellen und sozialen Status anderen LehrerInnen gegenüber benachteiligt sind. WITTNEBEN (1988) bezeichnet dies als «die relative Deprivation der Unterrichtsschwester/des Unterrichtspflegers im öffentlichen Bildungswesen» (ebd., 25) und verdeutlicht es an zwei exemplarischen Beispielen:

– Im Beispiel A wird aufgezeigt, daß einer Leitenden Unterrichtsschwester, die sogar das Weiterbildungsstudium an der Universität Osnabrück absolviert hatte, weder die Anerkennung als fachtheoretische noch als fachpraktische Lehrerin für die Berufsschule ausgesprochen wurde. Begründet wurde die Entscheidung der Bezirksregierung Braunschweig mit dem Fehlen eines wissenschaftlichen Studiums bzw. dem Fehlen eines staatlichen Vorbereitungsdienstes und einer staatlichen Laufbahnprüfung (vgl. ebd., 26).

– Im Beispiel B wird das Problem der Vergütung hervorgehoben: Die Forderung einer Leitenden Unterrichtsschwester nach einer Vergütung, wie sie die Leitung einer beruflichen Schule erhält, wurde vom Bundesarbeits- und vom Bundesverfassungsgericht «im Hinblick auf die Unterschiede..., durch welche Krankenpflegeschulen im Vergleich mit beruflichen Schulen... gekennzeichnet sind» (ebd.), abgelehnt.

Das Tätigkeitsfeld der USUP unterscheidet sich von dem anderer LehrerInnen zunächst gravierend dadurch, daß in der Regel eine der wöchentlichen Arbeitszeit von Angestellten entsprechende schulische Anwesenheitspflicht gegeben ist (vgl. WANNER 1987, 119), so daß Unterrichtsvor- und -nachbereitungen nicht in eigener Regie zuhause vorgenommen werden können und sollen.

Literaturquellen, die das tatsächliche Tätigkeitsfeld von Unterrichtsschwestern und -pflegern erfassen, konnten nicht aufgefunden werden, so daß auf das von WANNER (1987) veröffentlichte – nicht repräsentative – Ergebnis von 77 ausgewerteten Fragebögen zurückgegriffen werden muß (vgl. ebd., 113 ff.). Aus den Antworten der befragten USUP läßt sich ersehen, daß der größte Zeitanteil (27%) der Tätigkeiten auf die Vor- und Nachbereitung sowie Durchführung von Unterricht entfällt, weitere ca. 23% der Zeit mit anderen lehrertypischen Tätigkeiten wie Beratung, Leistungskontrollen und Teamsitzungen ausgefüllt werden und Maßnahmen zur Koordination und Betreuung der praktischen Ausbildung einen Anteil von ca. 19% ausmachen.

Besonders hervorgehoben sei der hohe Zeitaufwand von insgesamt 14% der Arbeitszeit, der mit der «Gewinnung, Einarbeitung und Betreuung von Honorardozenten» (ebd., 114) verbracht wird. Dies ist zum einen auf den überdruchschnittlich[26] hohen Anteil von Unterrichtsstunden zurückzuführen, die durch nebenamtliche DozentInnen wie ÄrztInnen, andere naturwissenschaftliche DozentInnen, PsychologInnen etc. geleistet werden. Zum anderen geht die hohe Beteiligung berufsfremder, meistens pädagogisch nicht qualifizierter Lehrkräfte an der Krankenpflegeausbildung häufig damit einher, daß diese unter hohem Zeitaufwand in (unklare) inhaltliche Ausbildungsvorstellungen eingewiesen sowie mit ihnen immer wieder zeitliche und inhaltliche Koordinationsschwierigkeiten und damit verbundene Unterrichtsprobleme bearbeitet werden müssen, ganz abgesehen von den Zeitaufwendungen, die erforderlich sind, um DozentInnen für den Unterricht zu engagieren.

---

[26] WANNER berechnet für das Jahr 1983, daß der von FremddozentInnen an der Krankenpflegeschule unterrichtete Stundenanteil um das Zwanzigfache höher liegt als bei anderen Schulen der beruflichen Bildung: in Berlin macht er 41%, im Saarland sogar 61% aller Unterrichtsstunden aus (vgl. ebd., 107 f.).

2. Zur Frage des beruflichen Selbstverständnisses der Unterrichtsschwestern und -pfleger sei zunächst ein Ergebnis der Befragung von
WANNER hervorgehoben. Danach entschieden sich auf die Frage
*«Betrachten Sie Unterrichtsschwestern und -pfleger als eher der Kran-
kenpflege oder dem Lehrerstand zugehörig?»* (ebd., 138) ungefähr die
Hälfte der WeiterbildungsvertreterInnen für die Zugehörigkeit zur
«Krankenpflege», die andere Hälfte sprach sich für eine «Zwitterposi-
tion» zwischen LehrerIn und Krankenschwester/pfleger aus (vgl.
ebd., 139).

Diese Einschätzung, die die Nähe zum Pflegeberuf wesentlich deutlicher hervortreten läßt als zum Lehrerberuf, findet sich beispielhaft
auch in einer Vielzahl von Beiträgen, die im Rahmen der 4. Bundestagung des «Bundesausschusses der Arbeitsgemeinschaften der Unterrichtsschwestern und Unterrichtspfleger der Länder» gehalten wurden:

– Ein Unterrichtspfleger konstatiert für die Erwartungen, die seine
  BerufskollegInnen an sich selbst stellen, daß sie einerseits fach-
  kompetente KrankenpflegelehrerInnen sein möchten, andererseits
  von sich fordern, *«eine Krankenschwester ohne Fehl und Tadel zu
  sein, die ihrer Zeit immer eine Nasenlänge voraus ist; Vorbild im
  Umgang mit den Patienten und kompetente Gesprächspartnerin und
  Beraterin für die Kolleginnen und Kollegen auf der Station»* (BUD-
  DE 1988, 17).

– TAUBERT, Krankenschwester und Lehrerin, sieht die Parallelen
  zwischen Lehr- und Pflegekräften unter anderem darin, daß beide
  dazu neigen, *«sich für alles verantwortlich zu fühlen und... meinen,
  alles machen zu müssen»* (TAUBERT 1988, 7)[27], daß Lehrkräfte
  ihren SchülerInnen eine «Arztorientierung» vorleben, wie sie in
  der krankenpflegerischen Praxis alltäglich ist, und daß sie die Umsetzung eines «patientenorientierten Pflegeverständnisses» genauso wenig realisieren wie ihre KollegInnen auf der Krankenpflege-
  station, solange sie nicht in der Lage sind, psychosoziale Themen
  wie Gesprächsführung oder/und ethische Fragestellungen selbst zu
  unterrichten und sie in die Hände berufsfremder DozentInnen
  übergeben (vgl. ebd., 7f.).

---

[27] Zu «Allmacht, Allzuständigkeit, Omnipotenz» im Krankenpflegeberuf vgl. BI-
SCHOFF 1984, 158ff.

48

– Aus der Sicht einer Leitung des Pflegedienstes wird eindeutig festgestellt: *«Der Partner, der der Schule von der Aufgabenstellung und der beruflichen Herkunft her am nächsten steht, ist der Pflegedienst»* (RAMGE 1988, 18).

Diesem schließen sich die KrankenpflegeschülerInnen an (vgl. HAUSER-DYJAS 1988, 24), indem sie an erster Stelle ihrer Erwartungen an die Lehrkräfte anführen, daß diese mit ihnen in der Praxis (auf der Station) arbeiten sollen und darüber hinaus, wie sie später erwähnen, *«ausreichend praktische Erfahrungen haben»* (ebd.) sollen.

Weitere Anzeichen, die ein primär am Krankenpflegeberuf orientiertes Selbstverständnis und ein wenig ausgeprägtes «Lehrerbewußtsein» erkennen lassen, sind darin zu sehen, daß die Unterrichtsschwestern und -pfleger nicht in einem eigenen Berufsverband[28] organisiert sind und daß kein eigenständiges Publikationsorgan dieser Berufsgruppe existiert (vgl. WANNER 1987, 117).

3. Von einem inhaltlichen Bezug zur Erziehungswissenschaft ist insofern auszugehen, als WANNNER bei seiner Analyse der verschiedenen USUP-Qualifizierungsmaßnahmen feststellt, daß fast alle Veranstalter in ihrem Lehrangebot das Teilgebiet *«Unterrichtswissenschaften und Lehrertraining ‹Didaktik und Methodik›»* (ebd., 132) aufzeigen.

Insgesamt kritisiert WANNER jedoch, daß sich die Qualifizierung der Lehrkräfte kaum an erziehungswissenschaftlichen Maßstäben orientiert, sondern primär an traditionellen Kriterien (Lehren ist eine Kunst, Lehren ergibt sich aus Erfahrung, Lehren beruht zu einem großen Teil auf Vorbildfunktionen; vgl. ebd., 146 ff.) ausgerichtet ist und durch ein praktizistisches Vorgehen charakterisiert werden kann:

«Das Theorie-Praxis-Verhältnis ist in der Lehrkräftequalifizierung nicht nur – wie in der Lehrerbildung allgemein der Fall – umstritten, sondern unter Ausschluß pädagogischer Kriterien vollständig an

---

[28] Es haben sich lediglich «Arbeitsgemeinschaften der Unterrichtsschwestern und -pfleger» auf Landes- und Bundesebene lose zusammengeschlossen (vgl. WANNER 1987, 117).

*einem unkritischen Begriff der **pflegerischen** Praxis ausgerichtet. Darin und in dem uneindeutigen Selbstbild der Unterrichtskräfte... zeigt sich die enge Verbundenheit der USUP mit der Krankenpflege...»* (ebd., 141).

Auch MULKE-GEISLER, selbst Unterrichtsschwester, kommt zu dem Ergebnis, daß die Auseinandersetzung mit pädagogisch-didaktischen Fragestellungen in der USUP-Qualifizierung im wesentlichen einer kurzfristigen Rezeption von *«Feiertagsdidaktiken»* (ebd., 23) entspricht und für den späteren Unterrichtsalltag relativ bedeutungslos ist.

Die erziehungswissenschaftliche Abstinenz spiegelt sich weiterhin in der Tatsache wider, daß in der öffentlich nachvollziehbaren Diskussion eine Auseinandersetzung von Unterrichtskräften mit erziehungswissenschaftlichen Fragen kaum zu finden ist. Es existieren einige – meistens von AutorInnen mit akademischer (Zusatz-)Qualifikation verfaßte – Arbeiten zu didaktisch-methodischen Fragen des Krankenpflegeunterrichts (vgl. z.B. VOGEL 1979; BÄUML-ROSSNAGL/ BÄUML 1981; SCHWARZ-GOVAERS 1983), die jedoch den erziehungswissenschaftlichen Forschungs- und Diskussionsstand nur in verkürzter und vereinfachter Form wiedergeben und denen insbesondere Mängel in fachdidaktischer Hinsicht zugeschrieben werden (vgl. BÖGEMANN u.a. 1989, 18ff.). BÖGEMANN u.a. konstatieren eine relative Einflußlosigkeit dieser Arbeiten: *«Erfahrungen über eine breitere Anwendung liegen nicht vor oder sind zumindest nicht erkennbar»* (ebd., 18)[29].

Vor diesem Hintergrund wundert es nicht, daß beispielsweise in den Beiträgen und Statements zur 4. Bundestagung des «Bundesausschusses der Arbeitsgemeinschaften der Unterrichtsschwestern und Unterrichtspfleger der Länder» (1988) erziehungswissenschaftliche Themen kaum eine Rolle spielen. In einem Beitrag, der sich mit der Frage *«wünschenswerte(r) Fähigkeiten der Unterrichtsschwester/des Unterrichtspflegers»* (WEINELT 1988, 21) auseinandersetzt, nimmt das *«pädagogische Geschick»* (ebd., 22) – rein quantitativ – einen weitaus geringeren Stellenwert ein als *«menschliche Fähigkeiten»* (ebd., 21) und wird in etwa so verstanden: *«Nach meiner persönlichen Auffas-*

---

[29] Dies entspricht den Beobachtungen der Verfasserin: Wenn überhaupt, befinden sich diese Bücher in der «hinteren Ecke» der Krankenpflegeschulenbibliothek, und im Ausleihregister sind nur vereinzelt LeserInnen verzeichnet.

sung ist der Übergang der menschlichen Fähigkeiten in das pädagogi-sche Geschick fließend, und die pädagogischen Theorien sind nur der Tupfen auf dem i» (ebd., 22).

Zusammenfassend lassen sich aus dem Angeführten folgende hypo-thetische Schlußfolgerungen zur Zusammenarbeit mit den Unter-richtschwestern und -pflegern bei der Entwicklung des Curriculums formulieren:

– Da Unterrichtsschwestern und -pfleger viele lehrertypische Tätig-keiten verrichten, ist zu vermuten, daß sie ähnlich wie LehrerInnen von einem Curriculum erhoffen, daß es primär eine praktikable Orientierungs- und Planungshilfe für den Unterrichtsalltag dar-stellt (vgl. v. HENTIG 1982, 31). In Hinblick auf die zeitaufwendige Zusammenarbeit mit FremddozentInnen dürfte bei den USUP der Wunsch hinzukommen, durch ein Curriculum Zeit zu sparen und inhaltliche Koordinationsprobleme zu reduzieren.

– Aufgrund der starken Orientierung an der Pflegepraxis ist einer-seits von Vorstellungen auszugehen, das Curriculum im Sinne einer Qualifizierung für diese Praxis auszurichten. Im Kontrast hierzu dürften andererseits Erwartungen von Bedeutung sein, das Curri-culum inhaltlich auf der Grundlage von Pflegetheorien bzw. der «Patientenorientierung» aufzubauen und so auf eine Veränderung der Praxis hinzuwirken (vgl. oben, Kap. 1.3). Werden beide Erwar-tungshaltungen bei der Curriculumentwicklung vertreten, könnte dies zu Konflikten führen.

– Erziehungswissenschaftlich ausgerichtete Maßstäbe sind kaum zu erwarten, wie auch nicht davon ausgegangen werden kann, daß fundierte Kenntnisse und Reflexionen auf der Ebene der didak-tisch-curriculumtheoretischen Diskussion vorauszusetzen sind.

1.4.2 Die Lernenden in der Krankenpflegeausbildung

Die Auseinandersetzung mit der Situation der Lernenden soll anhand folgender Fragen vorgenommen werden:

1. Welche Berufsmotivation ist für die Auszubildenden charakteri-stisch, und welche Konsequenzen lassen sich hieraus für ihre Situation ableiten?

2. Welche Verhaltens- und Einstellungsänderungen treten bei den SchülerInnen während ihrer Ausbildung auf?

3. Mit welchen wesentlichen Ausbildungsproblemen sind die Lernenden gegenwärtig konfrontiert?

1. Die Frage nach der Berufsmotivation von KrankenpflegeschülerInnen ist Gegenstand der Untersuchungen von PINDING u. a. (1972), BURGER/SEIDENSPINNER (1979) und FLAMMANG/MARKWARD (1985). Alle drei kommen übereinstimmend zu dem Ergebnis, daß der Wunsch, anderen Menschen helfen zu wollen und Kontakt mit anderen Menschen zu haben, das zentrale Berufswahlmotiv der SchülerInnen darstellt (PINDING u. a. 1972, 44; BURGER/SEIDENSPINNER 1979, 63; FLAMMANG/MARKWARD 1985, 566). In der Studie von FLAMMANG/MARKWARD sind es 90% der Befragten, die eine solche caritativ-soziale Berufsmotivation äußern, wobei dies bei rund der Hälfte der SchülerInnen mit der Vorstellung einhergeht, daß die Berufsausübung zu einer persönlichen Entfaltung führe sowie abwechslungsreich und kreativ sei (vgl. ebd., 566).

Wenn auch die sozial-caritative Motivation mit der beruflichen Tradition übereinstimmt, so ist nicht mehr in dem Maß wie früher von einem «Berufungsgedanken» auszugehen: Bereits Ende der 60er Jahre konnte sich knapp die Hälfte der von PINDING u. a. befragten SchülerInnen eine Alternative zur Krankenpflegeausbildung vorstellen, und für 10% war sie nur ein Kompromiß (vgl. ebd., 49 f.), was ca. 15 Jahre später in der Untersuchung von FLAMMANG/MARKWARD mit ähnlichen Prozentzahlen bestätigt werden konnte (vgl. ebd., 567)

Auch hinsichtlich der Intensität der caritativen Einstellung lassen sich Differenzen feststellen. Diesbezüglich kommen PINDING u. a. zu einem Ergebnis, das sich mit den Beobachtungen der Verfasserin deckt: Es läßt sich eine mehr «medizinisch-technisch orientierte» von einer eher «pflegerisch orientierten» SchülerInnengruppe (ebd., 6) unterscheiden. Die medizinisch-technisch orientierten SchülerInnen weisen nach PINDING u. a. ein starkes medizinisch-fachliches Berufsinteresse auf, bevorzugen im Vergleich zu den Pflegeorientierten die «Arztfächer», üben lieber «Behandlungspflege» aus und pflegen «chronisch Kranke und ältere Patienten» weniger gern, favorisieren selbständiges Arbeiten und schätzen «Haushaltsarbeiten» noch weniger als die andere Gruppe (ebd., 6).

Hinsichtlich der Auswirkungen des altruistischen Motivs sei FLAM-MANG/MARKWARD zugestimmt, die in der idealistischen Haltung, verbunden mit einem geringen Grad an Informiertheit über Arbeitsbedingungen und -belastungen, eine Ursache für später in der Praxis auftretende «*Frustrationen der Auszubildenden und Pflegenden*» (ebd., 567) sehen. Dies entspricht den Ausführungen von BURISCH (1987), der den «*Mythos der allzeit aufopferungsbereiten, allwissenden, allkompetenten und auch ein bißchen allmächtigen Krankenschwester*» (ebd., 5) in Zusammenhang mit dem Burnout-Syndrom des Krankenpflegepersonals bringt (vgl. auch BRAUN/SEYDEL 1986, 59; HANNICH 1987, 338). Es wird vermutet, daß sich die Gefahr des Ausbrennens für die SchülerInnen noch zusätzlich erhöht, wenn – wie in der Untersuchung von PINDING u. a. – versucht wird, mit psychischen Belastungen über die Verhaltensstrategie der «*Selbstbeherrschung*» (ebd., 88f.) klarzukommen. Das Bestreben, Probleme alleine zu lösen, wird von BURGER/SEIDENSPINNER (vgl. ebd., 58, 87) und FLAMMANG/MARKWARD (vgl. ebd., 567) als eine mit dem Helfermotiv einhergehende Individualisierungstendenz bezeichnet, durch die die Auszubildenden mit dazu beitragen, daß Mängel ihrer Ausbildungs- und späteren Berufssituation nicht behoben werden:

> «*Das persönliche Verantwortungsgefühl der Pflegenden (und Auszubildenden UO) für die inhumane Situation im Gesundheitswesen trägt zur Stabilisierung des bestehenden Systems bei und blockiert notwendige Strukturveränderungen, weil versucht wird, gesellschaftliche Probleme individuell zu lösen*» (FLAMMMANG/MARKWARD 1985, 567).

2. Als einzige Arbeit, die sich ausführlicher mit dem Thema «Krankenpflegeausbildung als Sozialisationsprozeß» auseinandersetzt, konnte die in Form von Diskussionen mit KrankenpflegeschülerInnen durchgeführte Studie von BURGER/SEIDENSPINNER (1979) aufgefunden werden. Wenn auch zu bemängeln ist, daß es sich hierbei um eine Querschnittstudie handelt, aus der letztlich keine zuverlässigen Aussagen zum jeweiligen Entwicklungsprozeß der einzelnen Individuen gewonnen werden können (vgl. z. B. ZÄNGLE 1979, 31ff.), sollen doch die zentralen Ergebnisse im Sinne tendenzieller Aussagen kurz zusammengefaßt werden:

– Charakteristisch für die Situation der SchülerInnen im **1. Ausbildungsjahr** ist, daß sie bei ihrem Einsatz auf der Station erfahren, daß ihr Bedürfnis nach humanitärer Patientenversorgung, ihr Wunsch, anderen helfen zu wollen, nicht umgesetzt werden kann (vgl. ebd., 64). Gleichzeitig fühlen sie sich als «*kleine Null*», als «*Putzmädchen*» und nicht «*als Persönlichkeit, als erwachsener Mensch*» behandelt, was mit einem hohen Ausmaß an «*Statusunsicherheit*» einhergeht (ebd.). Die Schule hingegen vermittelt ihnen zu diesem Zeitpunkt das Gefühl, ein/e qualifizierte/r Schwester/ Pfleger zu werden. Demnach wird sie nicht kritisiert, sondern stellt den Maßstab dar, nach dem die Praxis einer kritischen Betrachtung unterzogen wird (vgl. ebd., 69 ff.). Die Situation der Patienten ruft bei den SchülerInnen ein hohes Ausmaß an Empörung hervor, verstärkt durch eine Identifikation mit ihnen, die sich ähnlich wie sie auf der unteren Ebene der Krankenhaushierarchie befinden. Es ist im wesentlichen die Anerkennung der Patienten, die den SchülerInnen hilft, «*ihre Situation im Krankenhaus zu ertragen*» (ebd., 79).

– Im **2. Ausbildungsjahr** entwickeln die SchülerInnen besonders starke Bedürfnisse «*nach Freiraum zur Selbstverwirklichung*» (ebd., 66), erfahren jedoch, daß sie auf der Station im wesentlichen vereinnahmt und ihre Eigeninitiativen nicht gefördert werden. Im Gegensatz zum 1. Ausbildungsjahr äußern sie nun erste Kritik an der schulischen Ausbildung: die Wissensvermittlung sei zu theoretisch und zu oberflächlich, teilweise werde man durch die Menge des Lehrstoffes überfordert und könne die erworbenen Kenntnisse nicht eigenständig anwenden (vgl. ebd., 73). «*Von dem praktischen Engagement für die Interessen der Patienten, wie es im ersten Kurs zu finden war, (ist) nichts mehr spürbar*» (ebd., 81). Der Patient wird zwar immer noch als das «*arme Opfer*» (ebd., 80) gesehen, jedoch rückt die eigene berufliche Eingespanntheit und Belastung in den Vordergrund, verbunden mit der Erfahrung, daß das erlebte Elend und Leid verdrängt werden muß und in der Ausbildungssituation weder aufgearbeitet noch verändert werden kann. Die von der Schule so hoch geschätzte psychische Versorgung der Patienten wird zusehends in ihrer begrenzten Machbarkeit erkannt und das soziale Engagement auf einige individuelle Kontaktaufnahmen mit den Patienten beschränkt. Das wiederum führt bei einigen SchülerInnen zu Schuldgefühlen (vgl. ebd., 80 ff.).

– Im **3. Ausbildungsjahr** stehen die SchülerInnen den Problemen auf der Station «*eher distanziert gegenüber*» (ebd., 67) und haben sich im wesentlichen den Gegebenheiten in Form «*eine(r) distan-*

zierte(n) Cleverness» (ebd., 69) angepaßt. Probleme wie das Abstumpfen gegenüber Patienten, ihre eigene Unterdrückung und Bevormundung durch Stationsschwestern und examinierte Pflegekräfte werden kaum noch angesprochen. In den Vordergrund treten Fragen nach der beruflichen Zukunft (vgl. ebd., 68). Die Kritik an der Schule hat sich verschärft und darauf konzentriert, daß in der Schule von «*utopischen Vorstellungen*» (ebd., 74) ausgegangen wird, die für die Krankenhausrealität bedeutungslos sind. «*Die ‹Arbeit am Patienten›... wird im dritten Kurs von einer neuen, in den beiden vorherigen Kursen nicht vorhandenen medizinisch-technischen Position her gesehen*» (ebd., 82) und tritt in den Hintergrund. Teilweise beklagen sich die SchülerInnen über die Patienten, da diese ihre pflegerische Qualifikation nicht genügend anerkennen (vgl. ebd., 83).

Die auch noch gegenwärtig existierende Relevanz dieser Anfang der 70er Jahre gewonnenen Sozialisationsstudie läßt sich anhand folgender Beobachtung der Verfasserin verdeutlichen: In den letzten fünf Jahren wurden die dargestellten Ergebnisse ca. 100 FortbildungsteilnehmerInnen und etwa ebensoviel KrankenpflegeschülerInnen mit der Aufgabe vorgetragen, sie in Hinblick auf ihre eigene Ausbildung zu reflektieren. Das Resultat war bei Fort- und Auszubildenden identisch: Die Mehrheit bestätigte, daß auch sie lernten, sich im Laufe der dreijährigen Ausbildung mit der Situation auf der Station zu «arrangieren», nachdem sie sich anfänglich über die funktionelle «Massenpflege» und die hierarchischen Strukturen auf der Station empört hatten, daß ihre Kritik an der Krankenpflegeschule während der drei Jahre wuchs bzw. wächst und die Bedeutung der «Arbeit direkt am Patienten» im Laufe der Ausbildungszeit kontinuierlich abnahm bzw. abnimmt[30].

3. Im Hinblick auf die Ausbildungsprobleme von KrankenpflegeschülerInnen soll hier einerseits auf den Problemkomplex der praktischen Ausbildung insgesamt und andererseits auf die Probleme, die aus der Diskrepanz zwischen theoretischer und praktischer Ausbildung resultieren, eingegangen werden.

[30] SIEGRIST konnte einen signifikanten Zusammenhang zwischen der Höhe des beruflichen Status der Krankenpflegekraft und der Ausübung höherqualifizierter, in der Regel patientenferner, Tätigkeiten feststellen (SIEGRIST 1978, 62 ff.).

Von besonderer Bedeutung für die Situation der SchülerInnen in der praktischen Ausbildung ist, daß sie auf den Stellenplan des Pflegepersonals angerechnet werden (zu den länderspezifischen Anrechnungszahlen vgl. GOLOMBEK 1986, 1004). Allein hieraus ergibt sich, daß sie einen Beitrag als Arbeitskräfte auf der Station zu leisten haben und damit gleichzeitig den typischen Belastungen des krankenpflegerischen Arbeitsalltags wie: *«auf sehr viele Sachen achtgeben»*, *«schnell reagieren»*, sich *«sehr konzentrieren»*, *«oft hetzen»* (ALBRECHT u. a. 1982, 95) oder *«starke Leidbelastung»* (PRÖLL/STREICH 1984, 68 ff.; vgl. auch GÜNTERT u. a. 1989, 32; BARTHOLOMEYCZIK 1987) ausgesetzt sind.

Ihr Recht auf Ausbildung finden die SchülerInnen hingegen in der Krankenhausrealität nur in geringem Ausmaß verwirklicht: Eine mit der Ausbilder-Eignungsprüfung im dualen Ausbildungssystem (vgl. § 21 BBiG) vergleichbare berufs- und arbeitspädagogische Qualifizierung der in der Praxis ausbildenden Krankenpflegekräfte existiert in der Bundesrepublik Deutschland nicht. Wenn überhaupt, sind die ausbildenden Pflegenden lediglich in einem mehrtägigen sogenannten «Mentoren- oder Tutoren-Kurs» in erste Fragen der praktischen Anleitung eingewiesen worden. Neben den qualitativen ergeben sich auch quantitative Defizite: Die oben genannte Anrechnung auf den Stellenplan hat zur Folge, daß, je mehr SchülerInnen im Krankenhaus ausgebildet werden, desto weniger Planstellen mit examiniertem Pflegepersonal besetzt werden können (vgl. HENNINGER 1989, 23). Darüber hinaus ist im Krankenpflegegesetz von 1985 nicht wie im Berufsbildungsgesetz geregelt, daß *«die Zahl der Auszubildenden in einem angemessenen Verhältnis zur Zahl der Ausbildungsplätze oder zur Zahl der beschäftigten Fachkräfte...»* (§ 22 Abs. 2 Satz 2 BBiG) stehen soll, sondern nur formuliert, daß *«die Durchführung der praktischen Ausbildung... durch Krankenschwestern und Krankenpfleger im Krankenhaus gewährleistet...»* (§ 5 Abs. 2 Satz 4a KrPflG) sein muß.

In diesem Kontext wundert es nicht, daß in mehreren Untersuchungen folgende Schwierigkeiten und Probleme der Auszubildenden bzw. Defizite in der Qualität der praktischen Ausbildung ermittelt wurden:

– MULKE-GEISLER führt an, daß nach der Hamburger Lehrlingsstudie von CRUSIUS u. a. (1975) nur 34% der SchülerInnen ihre AusbilderInnen für pädagogisch geeignet halten und 52% der

SchülerInnen sich im Krankenhaus eher ausgenutzt als ausgebildet fühlen, wobei sich diese Prozentzahl zum Ende der Ausbildung auf 65% erhöht (vgl. MULKE-GEISLER 1982, 20).

– Aus einer 1983 vorgenommenen begleitenden Beobachtung von 16 KrankenpflegeschülerInnen ergab sich, daß die SchülerInnen den überwiegenden Teil der ihnen zugewiesenen Tätigkeiten selbständig ausführten:

«Die Analyse aller Tätigkeiten zusammen ergab, daß die Schüler zu 3,6 Prozent ihrer Tätigkeit gezielt angeleitet wurden, zu 13,1 Prozent unselbständig und zu 83,3 Prozent völlig selbständig arbeiteten. Hochgerechnet auf eine 40-Stunden-Woche erfährt der Krankenpflegeschüler also durchschnittlich nicht einmal zwei Stunden gezielte Anleitung pro Woche» (BÄUML 1985, 44).

– Bei einer Befragung von 500 KrankenpflegeschülerInnen bemängelten 93% der Befragten *«das zahlenmäßige Verhältnis zwischen Auszubildenden und examiniertem Pflegepersonal auf den Stationen»* (LIEBSCH 1988, 46), kritisierten 83% *«das Fehlen einer kontinuierlichen fortlaufenden praktischen Anleitung...»* (ebd., 45), gaben 61% der SchülerInnen an, daß ein Großteil der praktischen Ausbildung nicht von examinierten Pflegekräften, sondern von SchülerInnen des 3. Ausbildungsjahres geleistet wird, und äußerten mehr als drei Viertel der Befragten, daß ihre Praxiseinsätze mit Gefühlen der Angst und Unsicherheit verbunden seien (vgl. ebd., 46).

Hinsichtlich der Theorie-Praxis-Diskrepanz sind insbesondere folgende Problemfelder hervorzuheben:

– Häufig sind die Auszubildenden Rollenkonflikten ausgesetzt, die sich aus den unterschiedlichen Verhaltenserwartungen von Schule und Krankenhaus ergeben. Von seiten der Schule wird eher erwartet, daß die SchülerInnen eine patientenorientierte, ganzheitliche Betreung des Patienten und seiner Angehörigen praktizieren, neue Erkenntnisse in die Praxis umsetzen, hygienische Richtlinien bei ihrer Arbeit beachten u. ä.; im Krankenhaus wird hingegen eher gefordert, daß die SchülerInnen schnell arbeiten, sich in den Stationsablauf und das funktionelle Pflegesystem reibungslos einfügen und möglichst nicht zu viele Neuerungen anbringen (vgl. CORWIN 1972; MAIER 1979; BÜHLER u. a. 1982).

– Der theoretische Unterricht bietet den SchülerInnen häufig keine Hilfe zur Bewältigung von Praxisproblemen. Eine primär enzyklopädisch ausgerichtete Vermittlung meist medizinischen Wissens, eine nicht an den psychosozialen und emotionalen Problemen und Fragen des pflegerischen Handelns ausgerichtete Darstellung punktueller sozialwissenschaftlicher Inhalte sowie eine Überfrachtung des Lehrplans mit zu vielen Inhalten läßt den Unterricht für die SchülerInnen als «theoretisch abgehoben» neben der Praxis herlaufen (vgl. MULKE-GEISLER 1982, 18f.; LIEBSCH 1988, 45). Dies wird zusätzlich verstärkt, wenn Unterrichtsinhalte, wie z.B. «Pflegeplanung», vermittelt werden, die in der Praxis noch nicht eingeführt sind (vgl. HENNINGER 1989, RITTER u.a. 1989), oder wenn Pflegetechniken gelehrt werden, die in der Praxis bereits überholt sind.

– Seitens der SchülerInnen wird häufig beklagt, daß die Unterrichtsschwestern und -pfleger *«total fern (von) der Praxis»* seien (BURGER/SEIDENSPINNER 1979, 75), was sie nicht nur an deren praxisfernen Ansprüchen, sondern auch an ihrer seltenen Repräsentanz im Krankenhaus festmachen (vgl. ebd., 74ff.; LIEBSCH 1988, 46; MARQUARDT/ZEUS 1989, 974). Damit verbundene Konflikte können durch das diffuse Selbstverständnis der USUP (vgl. oben, S. 48f.) verstärkt werden: Wenn die krankenpflegerischen Lehrkräfte an sich selbst den Anspruch der «Praxisnähe» formulieren und keine Abgrenzung in Form einer klar definierten Lehrerrolle vornehmen, diesem Anspruch jedoch nach längerer Abwesenheit von der Station sowie aus zeitlichen (vgl. KOTHE 1985, 629) und motivationalen[31] Gründen nicht nachkommen können, kann dies zu besonders intensiven Enttäuschungen bei den SchülerInnen führen.

Zusammenfassend seien nun auch in Hinblick auf die Lernenden Schlußfolgerungen für die Curriculumentwicklung abgeleitet:

– Aufgrund der vorwiegend altruistischen Berufsmotivation der SchülerInnen ist zu vermuten, daß sie erwarten, in der Ausbildung insbesondere Fähigkeiten und Fertigkeiten hinsichtlich einer prak-

---

[31] MULKE-GEISLER führt die Praxisferne der USUP u.a. darauf zurück, daß ihre Entscheidung zur Weiterbildung *«durch eine Flucht vom Krankenbett motiviert»* (ebd., 20) sein könne.

tizierbaren «Patientenhilfe» zu erwerben. Diese Haltung und die Tatsache, daß die Auszubildenden von Ausbildungsbeginn an möglichst funktionsfähige Arbeitskräfte auf der Station sein sollen (und wollen), dürfte zur Abwehr jener curricularen Planungen führen, die den Unterricht mit abstrahierenden und reflektierenden Lernprozessen versehen und nicht nur an der Alltagsverwertbarkeit von Lerninhalten orientieren wollen.

Im Kontrast hierzu erscheint es in Hinblick auf die mit dem Helfermotiv einhergehenden Individualisierungstendenzen und der daraus resultierenden Gefahr der Ausnutzbarkeit und psychischen Belastung (Schuldgefühle, Burnout-Syndrom) der zukünftigen Krankenschwestern und -pfleger insbesondere erforderlich, solche Lernprozesse durch das Curriculum zu initiieren.

– In Zusammenhang mit den Beobachtungen zum Sozialisationsprozeß während der Ausbildung sind einerseits Einschränkungen der Mitbestimmungsmöglichkeiten und -fähigkeiten der SchülerInnen bei der Curriculumentwicklung zu vermuten. Andererseits könnten Konflikte zwischen Unterrichtsschwestern/pflegern und Auszubildenden die konstruktive Arbeit am Curriculum erschweren.

– Die Ausbildungsprobleme der SchülerInnen können nicht durch die geplante curriculare Arbeit gelöst werden. Der Beitrag, den das Curriculum diesbezüglich leisten kann, dürfte im wesentlichen in der Sicherstellung von unterrichtlichen Freiräumen zur Bearbeitung der Schwierigkeiten sowie in Anregungen zur Auseinandersetzung mit der Ausbildungssituation liegen.

1.5 Lehrbücher und Curricula für die Krankenpflegeausbildung

1.5.1 Zur Bedeutung von Krankenpflegelehrbüchern

Krankenpflegelehrbücher könnten für die Curriculumentwicklung in zweierlei Hinsicht von Bedeutung sein:

1. durch den Einfluß, den sie auf das inhaltliche Unterrichtsgeschehen ausüben;

2. durch ihre Struktur und Inhalte, die gegebenenfalls zur Gestaltung des Curriculums genutzt werden können.

1. Nach den Ausführungen der WHO (1979) ist die Bedeutung von Lehrbüchern, die in anderen Sprachen als Englisch erschienen sind, sehr gering einzuschätzen: Es herrscht *«ein Mangel an allgemeinen Lehrbüchern, die von Pflegefachkräften geschrieben worden sind»* (ebd., 6); an Krankenpflegeschulen fehlen Bibliotheken bzw. sind diese schlecht ausgestattet, oder Bücher werden nicht verliehen und unter Verschluß gehalten; die Lehrkräfte seien nicht an der Anschaffung von Fachliteratur interessiert, was wiederum deren Desinteresse am Lesen von Fachliteratur verdeutlicht (vgl. ebd.).

Die relative Bedeutungslosigkeit von Krankenpflegelehrbüchern, weniger von medizinisch-naturwissenschaftlicher Fachliteratur, zeigte sich auch im Ergebnis einer schriftlichen Befragung, die bei den an der Curriculumentwicklung beteiligten Auszubildenden durchgeführt wurde: Von den 31 befragten SchülerInnen gaben jeweils rund ein Drittel an, «häufig» in medizinischen Fachbüchern zu den Gebieten «Innere Medizin», «Chirurgie» sowie «Anatomie- und Physiologie» und in medizinischen Nachschlagwerken nachzulesen. Das Krankenpflegelehrbuch von JUCHLI (1987) war zwar allen SchülerInnen bekannt, jedoch wurde von der Mehrzahl (61%) nur «selten», von 22% «manchmal» und nur von 5 Personen «häufig» hineingeschaut. Darüber hinaus gaben 35% der Befragten an, in der Regel «häufig» in dem neu erschienenen Lehrbuch *Innere Medizin und Krankenpflege»* (MISCHO-KELLING/ZEIDLER 1989) zu lesen. Weitere allgemeine Krankenpflegelehrbücher fanden kaum Erwähnung: Das *«Lehrbuch für Krankenpflegeberufe, Band I und II»* (BESKE 1986) wurde überhaupt nicht genannt und dem *«Neue(n) Lehrbuch der Krankenpflege»* (KOHLHAMMER-VERL. 1980) wurde nur von 4 Personen eine geringfügige Bedeutung zugemessen.

Insgesamt wird somit davon ausgegangen, daß Krankenpflegelehrbücher weder bei den Lehrenden noch bei den Lernenden eine solchen Stellenwert haben, als sie das Unterrichtsgeschehen in ausschlaggebenden Maße beeinflussen könnten.

2. Hinsichtlich der inhaltlichen Gestaltung von Krankenpflegelehrbüchern kritisiert die WHO, daß *«in manchen Ländern... medizinische Aspekte häufig zu stark im Vordergrund stehen...»* (WHO 1979, 6). Aufgrund der traditionellen Beeinflussung der Krankenpflege durch die Medizin (vgl. oben, Kap. 1.2.3) kann dies auch für die Bundesrepublik Deutschland vermutet werden und soll im folgenden genauer analysiert werden.

Das «*Lehrbuch für Krankenpflegeberufe*» (BESKE 1986) kann als wenig aufeinander bezogene Zusammenstellung von Beiträgen jener Fächer bzw. Fachwissenschaften angesehen werden, die in der Ausbildungs- und Prüfungsverordnung von 1985 angeführt sind – mit einer Ausnahme: Das Fach bzw. Thema «Krankenpflege» findet kein eigenes Kapitel. Eine medizinische Schwerpunktsetzung läßt sich eindeutig darin erkennen, daß der gesamte zweite Band den einzelnen medizinischen Spezialdisziplinen gewidmet ist. Auch wenn die 5. Auflage nach didaktischen Gesichtspunkten, die beispielsweise die Formulierung von Lernzielen sowie von Aufgaben und Antworten zur Überprüfung des Lernerfolgs beinhalten, neu gestaltet ist, weist das «*Lehrbuch für Krankenpflegeberufe*» primär den Charakter eines Nachschlagwerkes für fachspezifische Fragen auf, die im Umkreis von krankenpflegerischen Problemen (vgl. SCHRÖCK 1988, 85) entstehen könnten. Es gibt jedoch weder Auskunft darüber, welches Wissen für die Ausübung einer qualifizierten Krankenpflege zu erwerben ist, noch stellt es eine systematische Anleitung dar, durch die krankenpflegerische Kompetenzen erlernt werden könnten.

Wenn bei BESKE noch eine Vielfalt krankenpflegerischer Bezugswissenschaften zu erkennen ist, so entfällt dies in dem vom KOHLHAMMER-VERLAG herausgegebenen «*Neue(n) Lehrbuch der Krankenpflege*» (1980) zugunsten einer fast ausschließlichen Konzentration auf medizinische Inhalte. Ausgehend von einer Einführung über Krankenpflege im Kontext von Medizin und Kirche (vgl. ebd., 1ff.) wird auf ca. 250 Seiten beschrieben, wie Verrichtungen der «*allgemeine(n) Pflege*» (ebd., 10ff.) und der «*Behandlungspflege*» (ebd., 66ff.) auszuführen sind. Dabei bleibt unklar, inwieweit es sich bei den unter «*Behandlungspflege*» aufgeführten Aspekten wie «*Injektionen, Infusionen, Transfusionen*» (ebd., 123ff.), «*Magenfunktionsprüfungen*» (ebd., 157ff.), «*Funktionsprüfungen der Gallenblase*» (ebd., 161ff.) und «*Punktionen*» (ebd., 165ff.) um ärztliche oder pflegerische Aufgaben handelt[32]. Das folgende, 600 Seiten umfassende Kernstück des Lehrbuchs kann als stark verkürztes und vereinfachtes «Lehrbuch der Medizin» bezeichnet werden: Strukturiert nach den verschiedenen

---

[32] Die rechtliche und berufspolitische Problematik der Übernahme ärztlicher Tätigkeiten durch Krankenschwestern/pfleger bzw. der unklaren Abgrenzung des ärztlichen vom pflegerischen Aufgabenfeld stellt gegenwärtig einen Diskussionsschwerpunkt im Kreis der Pflegekräfte dar (vgl. z. B. JACOBS 1984; BÖHME 1984, 170ff.; KURTENBACH u. a. 1986, 76ff.).

medizinischen Fachabteilungen im Krankenhaus werden in den einzelnen Kapiteln die Anatomie und Physiologie der Organe, Erkrankungen sowie ihre Diagnose und Therapie vorgestellt. Pflegerische Fragen werden, wenn überhaupt, am Ende eines Kapitels auf ca. einer Seite kurz angesprochen[33].

Fast identisch hinsichtlich Systematik und inhaltlicher Ausrichtung stellen sich die älteren Auflagen des Lehrbuchs von JUCHLI «*Allgemeine und spezielle Krankenpflege*» dar (1.–3. Auflage, 1973, 1976, 1979). Mit ihrer 4. Auflage nimmt JUCHLI nicht nur eine Änderung des Titels zu «*Krankenpflege – Praxis und Theorie der Gesundheitsförderung und Pflege Kranker*» (1983) vor, sondern sie entwickelt eine grundlegend andere Strukturierung, die in der 5. Auflage von 1987 (auf die sich im folgenden bezogen wird) im wesentlichen beibehalten wird. Ausgangspunkt und Bezugsrahmen der neuen Gestaltung ihres Lehrbuchs ist eine von ihr entwickelte Pflegekonzeption, die sich an der christlichen Religion, der humanistischen Psychologie und der existentiellen Philosophie orientiert. Dieser liegen folgende zentrale Annahmen zugrunde:

– Annahmen über den Menschen (vgl. ebd., 14 ff.): Der Mensch wird verstanden als Einheit von Leib, Seele und Geist, die «*in ständiger Wechselwirkung und Beziehung* **zu sich selbst**; ... **zum anderen Menschen** ... *zur* **Natur** *und* **Objektwelt** ... *und zur* **Überwelt** ...» (ebd., 86) steht.

– Eine Auffassung von Krankheit und Gesundheit (vgl. ebd., 49. ff.), die als dynamische Größen «*nicht mehr Gegensätze, sondern als Gesundsein und Kranksein Teil des Lebenskontinuums (jung-alt, werden-vergehen, wachsen-reifen)*» (ebd., 87) sind.

– Eine Definition von Pflege (vgl. ebd., 51 ff.), nach der «***Pflegen** als Erhalten, Gestalten, Fördern und Schonen... in erster Linie der* **Gesunderhaltung** *und der* **Entwicklung des Menschen**» (ebd., 87) dient. Krankenpflege als «***Beziehungspflege***» ist demach «*als ein verstehend-liebend-handelndes In-Beziehung-Treten... an allen Ebenen des Menschseins*» (ebd.) orientiert.

---

[33] Beispiel: Im Kapitel «*Pflege auf der inneren Abteilung*» (ebd., 339 ff.) sind 71 Seiten medizinischen und 4 Seiten pflegerischen Fragestellungen zugeteilt.

62

– Ein Verständnis von Pflegeaktivitäten und -zielen (vgl. ebd., 59ff.), die im Sinne des Pflegeprozesses (vgl. ebd., 73ff.) im wesentlichen im *«**Behandeln** (Heilen), **Betreuen** (Unterstützen) und **Begleiten** (Informieren, Beraten)»* (ebd., 88) der menschlichen *«Aktivitäten des täglichen Lebens (ATL)»* (ebd., 64ff.) und der *«Energien und Regenerationspotentiale»* (ebd., 88) des Menschen liegen und auf die *«Bewältigung der Realität des Lebens und des Menschseins»* (ebd.) abzielen sollen.

– Eine Vorstellung von einer Krankenpflegeausbildung, die im Sinne der Integration von *«**Kopf, Herz und Hand** (PESTALOZZI)»* (ebd.) auf die *«Schulung innerer und äußerer Fähigkeiten»* (ebd.) gerichtet sein soll.

Inwieweit entsprechen nun Inhalte und Struktur des Lehrbuchs tatsächlich diesem Pflegeverständnis?

Der 2. Teil des Buches (vgl. ebd., 91ff.) ist stringent nach den *«Aktivitäten des täglichen Lebens (ATL)»* (ebd., 64ff.) strukturiert, die JUCHLI aus dem Modell der «Lebensaktivitäten» von ROPER u. a. (1980) und dem der «14 Grundbedürfnisse des Menschen» nach HENDERSON (1966) abgeleitet hat. Bei genauer Betrachtung dieses Teils ist festzustellen, daß er sich zwar im Gesamtaufbau und in der Gliederung der einzelnen Kapitel von den früheren Auflagen unterscheidet, nicht jedoch in den Inhalten: Hier ist eine ähnliche, teilweise aktualisierte und ergänzte Beschreibung jener Pflegemaßnahmen vorzufinden, wie sie in der 1.–3. Auflage unter die Überschriften *«Grundpflege»* (JUCHLI 1973, 49ff.) und *«Behandlungspflege»* (ebd., 199ff.) subsumiert wurden. Die inhaltliche Nähe zu den früheren Auflagen trifft auch für den 3., 4. und 5. Teil der Auflage von 1987 zu, wobei bei diesen im Unterschied zum 2. Teil unklar ist, wie ihre Gliederung der Pflegekonzeption zuzuordnen ist (vgl. JUCHLI 1987, 6f.).

Zusammengefaßt läßt sich sagen, daß das «neue» Lehrbuch von JUCHLI (1987) im Ansatz und in der Struktur ein Vorgehen erkennen läßt, das sich durch seine Pflegeorientierung von der in anderen Krankenpflegelehrbüchern üblichen medizinischen Systematik unterscheidet. Inhaltlich jedoch bleibt JUCHLI ihrer Tradition der mit Appellen versehenen Beschreibung von Pflegemaßnahmen verhaftet, ohne dabei Hintergründe und Zusammenhänge genauer zu erklären. Mit anderen Worten: Die Umsetzung der Pflegekonzeption besteht im wesentlichen in der stark verkürzten Darstellung medizinisch-naturwissenschaftlichen Wissens, ergänzt durch Hinweise auf die psychosoziale Situation des Patienten und auf das Handeln der Pflegekraft, die Liebe, Verständnis und Gesprächsbereitschaft zeigen sowie Pflege planen soll.

Eine bislang einmalige Vorgehensweise ist in dem speziellen Lehrbuch *Innere Medizin und Krankenpflege* zu erkennen, das von MISCHO-KELLING/ZEIDLER (1989), einem *«ärztlich-pflegerische(n) Team»* (ebd., IX), unter der Intention herausgegeben wurde, *«eine möglichst enge, konzeptionelle und inhaltliche Verbindung zwischen moderener internistischer Krankheitslehre und ebenso zeitgemäßer Theorie und Praxis der Pflege herzustellen»* (ebd., IX). Eine klare Abgrenzung zwischen medizinischer und pflegerischer Thematik findet z.B. darin ihren Ausdruck, daß die Mehrheit der 24 Kapitel in einen internistischen und einen pflegerischen Teil gegliedert ist. Die pflegerischen Ausführungen basieren auf einem theoretischen Modell, in das MISCHO-KELLING sowohl den Ansatz des Pflegeprozesses (vgl. ebd., 2ff.) als auch das von ihr durch die Aspekte des *«Selbst-Konzept(s)»* (ebd., 13ff.), der *«Interaktion und Kommunikation»* (ebd., 17f.) und des *«Copingverhalten(s) von Patient und Pflegekraft»* (ebd., 18f.) erweiterte Pflegemodell von ROPER u.a. (1980) integriert. Wenn auch die LeserInnen in diesem Buch nicht erfahren, wie bestimmte Pflegetechniken und -maßnahmen durchzuführen sind, so erhalten sie doch einerseits einen differenzierten Einblick in internistische Erkrankungen, deren Diagnose und Therapie. Andererseits können sie anhand ausgearbeiteter, exemplarischer Fallbeispiele erlernen, wie die Umsetzung eines theoretischen Pflegeansatzes, der sich zwar *«noch in einem relativ frühen Stadium»* (MISCHO-KELLING 1989, 13) befindet, aussehen könnte.

Zusammengefaßt läßt sich zur Bedeutung von Lehrbüchern für die Curriculumentwicklung schlußfolgern, daß

– sie zur Frage, welche Verrichtungen in den pflegerischen Aufgabenbereich fallen, ersten Aufschluß bieten können, der jedoch hinsichtlich der Abgrenzung zum ärztlichen Aufgabenfeld genauer bestimmt werden müßte;

– sie in der Mehrheit, mit Ausnahme der Arbeit von MISCHO-KELLING/ZEIDLER (1989) und teilweise der von BESKE

(1986), aufgrund ihrer relativ oberflächlichen Darstellungsweise wenig zur Klärung tiefergehender inhaltlicher Fragen genutzt werden können. Derartige Fragen müßten demnach im Gespräch mit den jeweiligen Fachlehrkräften und durch die Rezeption von Fachliteratur geklärt werden;

– die pflegeorientierte Gliederung des Lehrbuchs von JUCHLI (1987) eine mögliche Strukturierungshilfe darstellen könnte.

1.5.2 Curricula für die theoretische Krankenpflegeausbildung

Zur Entstehungszeit der vorliegenden Arbeit lagen keine den bundesdeutschen Rahmenbedingungen entsprechenden krankenpflegerischen Ausbildungskonzeptionen vor, die als Hilfestellung für die geplante Curriculumentwicklung genutzt werden konnten, so daß lediglich auf punktuelle inhaltliche Anregungen aus dem österreichischen Curriculum (vgl. unten, S. 70) zurückgegriffen werden konnte. In den folgenden Jahren wurden jedoch einige Arbeiten veröffentlicht. Sie unterscheiden sich von der vorliegenden Arbeit unter anderem nicht nur durch ihre konzeptionell-inhaltliche Gestaltung, sondern auch durch ihren nicht oder kaum vorhandenen Bezug zur erziehungswissenschaftlichen – speziell allgemeindidaktischen und curriculumtheoretischen – Forschung und Diskussion. Dieses soll im folgenden verdeutlicht werden:

Das LANDESSOZIALAMT NIEDERSACHSEN gab 1987 einen *«Stoffverteilungsplan und Lernzielkatalog für die Krankenpflegeausbildung»* heraus. Sehr detailliert werden hier rein fachsystematisch Ausbildungsinhalte dargelegt. Diese werden standardisiert mit der Lernzielformulierung «Der Krankenpflegeschüler soll folgendes können...» eingeleitet, wobei das «können» bei jedem Einzelaspekt spezifiziert wird in beispielsweise «erläutern», «darstellen», «definieren», «angeben», «nennen», «begründen» etc. Dabei ist nicht zu erkennen, mit welcher Begründung die Auswahl dieser Lernziele erfolgte und warum sie von den SchülerInnen «gekonnt werden» müssen (vgl. z. B. KÜNZLI 1975). Curriculare Grundüberlegungen, die beispielsweise die «Offenheit» (vgl. z. B. HEIPCKE/MESSNER 1975; MOSER 1975, DEUTSCHER BILDUNGSRAT 1973), den «Situationsbezug» (vgl. ZIMMER 1973) oder die «Mehrperspektivität» (vgl. GIEL/HILLER 1977; GIEL u. a. 1974) thematisieren, fehlen vollständig.

Eine Auseinandersetzung mit solchen oder anderen curriculumtheoretischen Ansätzen findet sich auch nicht in dem von WODRASCHKE u. a. 1988 veröffentlichten «Curriculum: Theoretische Ausbildung in der Krankenpflege». Obwohl sich diese Arbeit im Titel den Begriff «Curriculum» zulegt, findet sich in der Einleitung nur ein Satz, der einen Bezug zur Curriculumdiskussion erkennen läßt:

> «Die Curriculumentwicklung in der Bundesrepublik Deutschland war in den letzten 20 Jahren darauf gerichtet, durch geeignete Lehr- und Lernstrategien eine möglichst effektive Vermittlung von verhaltensdefinierten Inhalten (Lernziele) zu ermöglichen. Diese Leitvorstellung wollte Unterricht planmäßig und möglichst reibungslos organisieren (ebd., 18).

Hier wird eine Reduktion der Curriculumforschung vorgenommen, die kaum haltbar ist, vergegenwärtigt man sich die gerade in Hinblick auf die angeführte Lernzieloperationalisierung kontrovers geführte Diskussion verschiedenartiger curricularer Ansätze (vgl. unten, Kap. 2).

Ein weiteres zentrales curriculumtheoretisches Problemfeld, das der Entscheidung über die Auswahl von Inhalten und Zielen, wird fast vollständig ausgeklammert. Diesbezüglich wird lediglich – normativ (vgl. unten, S. 28 f.) – angeführt:

> Bei der Auswahl und Bearbeitung der Themen wurde versucht, die Ansprüche und Interessen, Anforderungen und Wünsche, Intentionen und Motivationen aller an der Ausbildung beteiligten Personen und Institutionen auf das **christliche Menschen-** und **Gesellschaftsbild** auszurichten sowie auf den **Dienst am ‹Bruder›** zu zentrieren» (ebd., 10)

Eine tiefergehende Auseinandersetzung mit allgemeindidaktischen Fragen findet ebenfalls nicht statt: Ohne Quellenangabe erwähnen WODRASCHKE u. a., daß dem Curriculum «in Anlehnung an Paul Heimann (1961) und Wolfgang Schulz (1980)» eine **«heuristische Matrix»** (ebd., 19) zugrunde liegt. Die Anwendung dieser Matrix erfolgt anhand eines Ziffernsystems, nach dem jedem Unterrichtsthema eine von drei erzieherischen Absichten (kognitiv, emotional, pragmatisch) und eine von drei Erfahrungsebenen (Sach-, Gefühls- und Handlungserfahrung) zugeordnet wird (vgl. ebd., 19). Das sieht dann beispielsweise so aus, daß eine Unterrichtseinheit «Politische Bildung» mit den inhaltlichen Vorgaben *«das Grundgesetz»*, *«Prinzip der Gewaltenteilung»* und *«politische Parteien»* unter der Intention *«Persönlichkeitsbildung durch Gefühlserfahrung»* behandelt werden soll, während die Aspekte *«Struktur und Organisation der parlamentarischen Demokratie»* und *«Massenmedien als Instrumente der Meinungsbildung»* unter der Intention *«Persönlichkeitsbildung durch Handlungserfahrung»* zu unterrichten sind (ebd., 53). Eine Zusammenstellung und Zuordnung, die weder in einem theoretischen Kontext auf allgemeiner Ebene begründet noch auf exemplarische Weise erklärt wird.

Neben den *«Intentionen»* haben WODRASCHKE u. a. ihren Unterrichtseinheiten *«Paradigmen»* zugeordnet (ebd., 18). Die Funktion dieser *«Paradigmen»* soll darin liegen, daß *«alle Themen einer Unterrichtseinheit aus jeweils einem für die Ausbildung wesentlichen Blickwinkel»* (ebd.) gesehen und bearbeitet werden. Diese Paradigmen erscheinen jedoch

– zum einen überflüssig, weil sie in der Regel den Themengebieten direkt entsprechen. So haben beispielsweise die meisten Unterrichtseinheiten aus dem Themengebiet «Krankenpflege» das Paradigma «pflegerische Perspektive», gesellschaftliche Themen haben das Paradigma «gesellschaftliche Perspektive» und erzieherische Themen das Paradigma «anthropologische Perspektive» zugeordnet bekommen (vgl. ebd., 27ff.);

– zum anderen uneindeutig und wenig aussagekräftig: Das Paradigma «kommunikative Perspektive» wird beispielsweise bei der Unterrichtseinheit *«Handeln in Notfallsituationen»* in Zusammenhang mit Inhalten wie *«Mund-zu-Mund-Beatmung»*, *«Notrufsysteme»*, *«kardiale Reanimation»* und *«Mut zum Handeln»* (ebd., 117) gebracht. Dieselbe Perspektive gilt jedoch auch für eine Unterrichtseinheit *«Individuum – Gruppe – Gesellschaft»* (ebd., 44). Es zeigt sich, daß ein derartiges Paradigma aufgrund seines hohen Interpretationsspielraums so viele Umsetzungsmöglichkeiten beinhaltet, daß es im Sinne der intendierten Orientierungshilfe kaum nutzbar gemacht werden kann.

Positiv ist zu vermerken, daß WODRASCHKE u. a. die Frage nach *«Lernniveaus»* (ebd., 20) aufgreifen und Anregungen geben, den Unterricht nicht nur auf der Stufe der reinen Faktenvermittlung stehen zu lassen. Kritisch anzumerken ist jedoch die Kürze (eine halbe Buchseite) der hierzu vorgenommenen theoretischen Ausführungen und der nicht ausgewiesene Bezug zur Lernzieltaxonomie von BLOOM (1976), die dem hier verwendeten Konstrukt offensichtlich zugrunde liegt. Ein weiterer positiver Aspekt kann in der Absicht gesehen werden, den geschlossenen, fächerorientierten[34] Charakter des Curriculums durch *«Projekte und unterrichtliche Freiräume»* (ebd., 20ff.) zu durchbrechen.

Kurz vor Fertigstellung der vorliegenden Arbeit wurde im Auftrag des HESSISCHEN SOZIALMINISTERIUMS ein *«Hessisches Curriculum Krankenpflege – 1. Ausbildungsabschnitt»* (DBfK 1990) erarbeitet. Auch diese Arbeit läßt trotz der Verwendung des Begriffs «Curriculum» keinen tiefergehenden Bezug zur Erziehungswissenschaft erkennen. Auf einer halben Buchseite erfährt man folgende pädagogisch-didaktischen Grundüberlegungen (vgl. ebd., 15): Die curricularen Ziele, Inhalte und Methoden sollen aus den *«Grundsätze(n) der Ganzheitlichkeit der Pflege...»* abgeleitet werden, die Wirksamkeit des Curriculums hängt von der *«Selbständigkeit, Kritikfähigkeit und Kreativität der Unterrichtenden...»* ab, deshalb muß der Lernbegriff *«ein komplexerer... sein als der auf behavioristischer Grundlage»*, und demzufolge soll das Curriculum ein *«offenes Curriculum»* sein (ebd.).

Im Gegensatz zu den vorher aufgeführten Arbeiten geht das *«Hessische Curriculum Krankenpflege...»* jedoch mit einem fachlichen Selbstverständnis einher, auf dessen Grundlage es möglich war, einen fächerintegrativen Ansatz zu konzipieren. Nachdem die AutorInnen ihre Vorstellungen von Pflege dargelegt haben (vgl. ebd., 11ff.), gliedern sie den 1. theoretischen Ausbildungsabschnitt in neun Unterrichtseinheiten, die in Anlehnung an ROPER u.a. (1987) als *«Aktivitäten und Elemente des Lebens»* (ebd. 12) benannt und im einzelnen bezeichnet werden als:

«– Kommunikation
– Körperpflege und Kleidung
– Aufrechterhaltung der Vitalfunktionen

---

[34] Die traditionelle Fächeraufteilung und -systematik ist auch in diesem Curriculum bewahrt worden, mit einer Ausnahme: Es wurde ein integratives Fach «Medizin und Krankenpflege» konzipiert, das medizinische, anatomisch-physiologische und krankenpflegerische Inhalte enthält (vgl. ebd., 15, 139ff.; zur Kritik dieser Fächerintegration vgl. ÖTV-FORTBILDUNGSINSTITUT/STIEGLER 1989, 27ff.).

- *Nahrungsaufnahme und Ausscheidung*
- *Bewegung*
- *Ruhe und Schlaf*
- *Arbeit und Freizeit*
- *Sexualität*
- *Tod und Sterben»* (ebd.).

Das Fach «Pflege» soll das Zentrum dieser Einheiten bilden, dem dann die anderen in der krankenpflegerischen Ausbildungs- und Prüfungsverordnung von 1985 aufgeführten Fächer zugeordnet werden (vgl. ebd., 9).

Der hessische Ansatz erinnert an das Konzept, das für den Modellstudiengang *«Lehrkräfte der Krankenpflege»* erstellt wurde (vgl. BISCHOFF u. a. 1977). Ihm fehlt jedoch der zweite, zentrale *«personalzentrierte»* Teil der Berliner Konzeption (ebd., II), so daß ein Themenbereich, in dem die *«Beziehungen der Pflegeberufe zu ihrer beruflichen Umgebung»* (ebd.) oder der *«Rahmen..., in dem Krankenpflege stattfindet»* (ebd., III) behandelt werden, vermißt wird.

Die Umsetzung des Ansatzes der hessischen AutorInnen ist in Hinblick auf die gesamte theoretische Ausbildung unvollständig: Es sind lediglich 800 der vorgegebenen 1600 Unterrichtsstunden aufgegriffen worden, so daß ein Einblick in den Gesamtzusammenhang und -aufbau der Ausbildungsgestaltung nicht möglich ist. Darüber hinaus bleiben einige wesentliche Fragen unbeantwortet:

- Wie und nach welchen Kriterien wurden die einzelnen Lernziele, Lerninhalte und Stoffpläne ermittelt?

- Wie ist es zu begründen, daß im Fach «Pflege» Lernziele und -inhalte ausformuliert wurden, während für die anderen Fächer lediglich Stichworte in einem Stoffplan angegeben sind? Wie soll durch ein solches Vorgehen, das den DozentInnen der «Nicht-Pflege-Fächer» kaum eine Orientierungshilfe bietet und damit ihrer Tendenz, in der eigenen Fachsystematik zu verweilen, nichts entgegensetzt, die Beziehung dieser Fächer zum Fach «Pflege» zustandekommen bzw. gewährleistet werden?

- Nach welchen Gesichtspunkten sind die Ausführungen unter der Überschrift «Hinweise» (vgl. ebd., 28 ff.) vorgenommen worden, und welche Funktion sollen sie erfüllen?

– Welche Erfahrungen, Anregungen oder Hilfestellungen lassen sich hinsichtlich der Umsetzung des Curriculums in die Praxis nennen?

Abschließend soll noch kurz das 1983 vom ÖSTERREICHISCHEN BUNDESINSTITUT FÜR GESUNDHEITSWESEN vorgelegte dreibändige *«Curriculum Allgemeine Krankenpflege»* Erwähnung finden. Auch in dieser Arbeit werden Begründungs- und Zielaussagen im wesentlichen aus einer pflegerischen Standortbestimmung abgeleitet (vgl. ebd., 11ff.), während curriculumtheoretisch-didaktische Überlegungen kaum eine Rolle spielen (vgl. ebd., 14ff.). Die Schwäche des Curriculums liegt insbesondere darin, daß es den formulierten Anspruch nach *«Fächerintegration»* und *«Offenheit»* nicht gerecht wird. Hinsichtlich der nicht vollzogenen *«Fächerintegration»* wird selbstkritisch zugegeben:

> *«Verpflichtet, der gesetzlichen Grundlage zu folgen, waren wir jedoch mit einer starken Aufgliederung der Stoffülle in traditionelle Fächer konfrontiert. Die intendierte ganzheitliche Vorgangsweise... ließ sich daher nicht in der gewünschten Konsequenz praktizieren»* (ebd., 13).

Dem Anspruch nach *«Offenheit»* (vgl. ebd., 16) steht das Erscheinungsbild des Curriculums gegenüber: Das Ausbildungskonzept stellt sich als eine rund 600 Seiten umfassende Aneinanderreihung fachsystematisch geordneter Lernziele und -inhalte dar. Hinzu kommt, daß eine hohe Anzahl von Einzelinhalten für einen sehr knappen Zeitraum vorgeschlagen wird, so daß intensive Lernprozesse behindert werden könnten.

1.6 Schlußfolgerungen für die Curriculumentwicklung und -konstruktion

In den bisherigen Ausführungen wurde aus Gründen der Verständlichkeit der übergreifende Begriff «Curriculumentwicklung» verwendet. Im folgenden soll jedoch der Begriff der «Curriculumentwicklung» von dem der «Curriculumkonstruktion» unterschieden werden: «Curriculumentwicklung» bezeichnet den Entwicklungsprozeß, «Curriculumkonstruktion» die inhaltlich-strukturelle Gestaltung des Curriculums.

Aus der Analyse der krankenpflegerischen Ausbildungssituation werden somit Schlußfolgerungen gezogen, die

1. die Curriculumentwicklung und
2. die Curriculumkonstruktion
betreffen.

1. Die Ausgangslage der Curriculumentwicklung wird folgendermaßen eingeschätzt:

– Die Lehrenden haben Bedarf und Interesse an der Entwicklung eines Curriculums, das ihnen Hilfen bei der Planung der theoretischen Ausbildung sowie der Vorbereitung, Koordination und inhaltlichen Gestaltung von Unterricht gemäß den neuen rechtlichen Bestimmungen bietet;

– Die Professionalisierungsbestrebungen – die «Aufbruchstimmung» – vieler Berufsangehöriger könnten mit einer gewachsenen Akzeptanz und einem verstärkten Interesse an Innovationen im Ausbildungssektor einhergehen.

Dennoch könnten bei der praxisnahen Curriculumentwicklung folgende Schwierigkeiten auftreten:

– Konflikte aufgrund curricularer Innovationsbestrebungen und Veränderungen einerseits, traditionell gewachsener Ausbildungsstrukturen, Normen und Wertvorstellungen andererseits;

– Kooperationsprobleme zwischen der Verfasserin und den Lehrkräften: Im Hinblick auf Kenntnis und Reflexion erziehungswissenschaftlicher Fragen ist eine unterschiedliche Ausgangslage zu vermuten, die gegebenenfalls zu nicht nur konstruktiven Kontroversen führen könnte;

– Schwierigkeiten hinsichtlich einer aktiven und demokratischen Partizipation der Lernenden: Im Kontext einer Ausbildung, die auf Disziplinierung, Anpassung und Ausschöpfung physischer und psychischer Kräfte hinausläuft, dürften Engagement und Mitbestimmungsmöglichkeiten der Lernenden nicht sehr stark ausgeprägt sein.

2. Die Curriculumkonstruktion findet eine institutionell-rechtliche Ausgangslage vor, aus der sich folgende Rahmenbedingungen und Grenzen ergeben:

– Nach dem Krankenpflegegesetz und der Ausbildungs- und Prüfungsverordnung von 1985 sind folgende Gesichtspunkte zu beachten:
  • Die theoretische ist von der praktischen Ausbildung getrennt;
  • Gesetz und Ausbildungsrichtlinien sind primär an berufsspezifischen Anforderungen ausgerichtet, allgemeinbildende Elemente sind weitgehend ausgeklammert;
  • Die Ausbildungs- und Prüfunsverordnung gibt einen zeitlich und inhaltlich determinierten Fächerkanon vor;
  • Die Formulierung von Inhalten in der Ausbildungs- und Prüfungsverordnung ist so allgemein, daß sie einen großen Spielraum für curriculare Gestaltungsmöglichkeiten offenläßt.

– Im Hinblick auf den curricularen Bezug zum Unterricht sind personelle Grenzen zu berücksichtigen: Der Unterricht an Krankenpflegeschulen wird von einer großen Zahl nebenberuflicher, meistens pädagogisch nicht qualifizierter Lehrkräfte durchgeführt; darüber hinaus ist gegebenenfalls von einer nicht ausreichenden Zahl Lehrender auszugehen.

Inhaltlich-strukturelle Anregungen zur Curriculumkonstruktion können entnommen werden

– aus Veröffentlichungen, in denen Vorstellungen und Erwartungen an die Krankenpflegeausbildung formuliert werden;

– in begrenztem Umfang aus Lehrbüchern und zusätzlich aus Fachliteratur.

Darüber hinaus wird angenommen, daß es zu Unstimmigkeiten zwischen den Betroffenen hinsichtlich des Qualifizierungsanspruchs und damit der Bestimmung von Zielen und Inhalten des Curriculums kommen kann: Soll es primär auf eine «Qualifizierung für die gegebene Praxis», auf «Patientenorientierung im Sinne der Veränderung der Praxis» oder auf «Personenorientierung» ausgerichtet sein?

2. Didaktische und curriculumtheoretische Grundlagen

Nach der Auseinandersetzung mit den krankenpflegerischen Rahmenbedingungen der Curriculumentwicklung und -konstruktion soll nun der didaktisch-curriculumtheoretische Begründungszusammenhang des Projekts herausgearbeitet werden. Das Kapitel ist dabei nach folgenden Gesichtspunkten gestaltet:

Zunächst werden die beiden Grundsatzentscheidungen, an denen sich das vorliegende Projekt ausrichtet, näher beleuchtet. Das heißt, es soll mit allgemeindidaktischen und curriculumtheoretischen Argumenten begründet werden, warum

– die Curriculumentwicklung in praxisnaher Form durchgeführt werden (vgl. Kap. 2.1) und

– die Curriculumkonstruktion offen und fächerintegrativ sein soll (vgl. Kap. 2.2).

Anschließend folgen Überlegungen zur Konkretisierung der Curriculumgestaltung. Dabei wird im wesentlichen der Frage nachgegangen, welche Anregungen aus verschiedenen Curriculumtheorien zur Auswahl und Strukturierung von Zielen und Inhalten in einem offenen, fächerintegrativen Curriculum entnommen werden können (vgl. Kap. 2.3).

Danach soll in Zusammenhang mit methodologischen Überlegungen das geplante Entwicklungsverfahren des Projekts vorgestellt werden (vgl. Kap. 2.4).

Abschließend werden die zentralen didaktischen und curriculumtheoretischen Annahmen des vorliegenden Projekts zusammengefaßt (vgl. Kap. 2.5).

2.1 Praxisnahe Curriculumentwicklung

Die Entscheidung, das vorliegende Curriculum in praxisnaher Form zu erstellen, ist im wesentlichen auf jene Argumente zurückzuführen, die in den 70er Jahren in der Auseinandersetzung «geschlossene, lehrerunabhängige und zentralisierte» versus «offene, praxisbezogene und dezentralisierte» Curriculumentwicklung formuliert wurden. Im folgenden soll diese Entscheidung in Zusammenhang mit

1. dem Theorie-Praxis-Verständnis der Erziehungswissenschaft,

2. dem bildungstheoretischen Selbstverständnis der kritisch-konstruktiven Didaktik,

3. den Erfahrungen hinsichtlich der Umsetzung zentral und lehrerunabhängig entwickelter Curricula und

4. der Legitimationsproblematik von Curricula

begründet werden.

1. Praxisnahe Curriculumentwicklung ist aufgrund eines bestimmten Theorie-Praxis-Verständnisses der Erziehungswissenschaft zu befürworten: Wenn Erziehungswissenschaft den Anspruch hat, über theoretische Modellentwürfe die Praxis zu verändern, dann ist dies nur in Form einer *«dynamische(n) Wechselbeziehung* (möglich), *dergemäß Theorie und Praxis angesichts gemeinsamer Aufgaben und – soweit irgend möglich – in direkter Kooperation sich wechselseitig vorantreiben»* (KLAFKI 1977, 15).

Findet diese Wechselbeziehung nicht statt, läuft die Wissenschaft Gefahr, *«zu einer von praktischen Wirkungsmöglichkeiten abgelösten Esoterik»* (HAFT/HAMEYER 1975, 16) zu werden. Losgelöst von den Interessen und Fragestellungen der Praktiker rechtfertigt sie sich nur noch über den wissenschaftsimmanenten Selbstzweck des Forschungsvorhabens bzw. des Forschers (vgl. ebd., 27).
Somit soll praxisnahe Curriculumforschung durch die Auseinandersetzung zwischen Theorie und Praxis jener Entwicklung zuwiderlaufen, die HEIPCKE/MESSNER (1975) folgendermaßen charakterisieren:

74

«Der Notwendigkeit des unmittelbaren Praktischwerdens enthoben, werden die Reflexionen über Zielfragen und Inhaltsperspektiven immer weiter differenziert, während demgegenüber Überlegungen zu ihrer Vermittlung an die Praxis und zu ihrer situations- und personspezifischen Realisierung in den Hintergrund treten» (ebd., 40).

2. Praxisnahe Curriculumentwicklung steht in engem Zusammenhang mit dem bildungstheoretischen Selbstverständnis der kritisch-konstruktiven Didaktik und ihren zentralen Zielvorstellungen von der Selbst- und Mitbestimmung, Solidarität und Emanzipation des Menschen (vgl. unten, S. 79 f.). Eine Curriculumentwicklung, bei der Entscheidungen über Planung und Durchführung von Unterricht ohne diejenigen getroffen werden, die diese Entscheidungen tragen und ausführen sollen, würde im Widerspruch zu diesem Selbstverständnis stehen. Demnach ist ein Vorgehen abzulehnen, bei dem ohne Mitbestimmungsmöglichkeiten der Betroffenen ein Konzept entwickelt wird, das diesen dann als *«ausführenden Organen»* (KLAFKI 1977, 178) zur Umsetzung vorgelegt wird.

3. Die Erfahrungen hinsichtlich der Umsetzung von zentral und lehrerunabhängig entwickelten Curricula haben gezeigt, daß die angestrebte Innovation des Unterrichtsalltags nur in geringem Umfang erreicht werden konnte. Hinsichtlich derartiger Reformerfahrungen konstatiert KNAB: *«Wenn die Schulen und die in ihnen Tätigen nur Adressaten der Curriculumreform sind, kommt sie nicht zustande»* (KNAB 1974, 180).

Charakteristisch für die Rezeption dieser Curricula war, daß sie von den LehrerInnen nicht als Hilfestellungen für eine Veränderung der Unterrichtspraxis aufgenommen wurden, sondern Verunsicherung, Hilflosigkeit, Ablehnung und in manchen Fällen verkürzte Realisierungsversuche hervorriefen (vgl. ebd., 178 ff.; DEUTSCHER BILDUNGSRAT 1974, A7 f.; HEIPCKE/MESSNER 1975, 40 f.). Als wesentliche Gründe für diese Entwicklung lassen sich nennen:

– Die bereits oben genannte Distanz der Theorie zur Praxis bewirkte, daß sich die curriculare Reflexion für die Praktiker in einer unübersehbaren Fülle von Literatur äußerte, die in einer *«neue(n) exklusive(n) Geheimsprache»* (SIEBERT 1974, 95) von wenigen

Experten verfaßt und für sie als *«Außenstehende»* (ebd., 94) nicht verständlich und einsehbar war.

– Die LehrerInnen sind weder durch Mitarbeit und Weiterbildung zu einer Umsetzung der Curricula motiviert (vgl. KNAB 1974, 185) noch bei eventuellen Umsetzungsversuchen von den Wissenschaftlern unterstützt worden (vgl. ebd., 178).

– Curricula mit der Intention, *«das Handeln des Lehrers in der konkreten Lehr-Lern-Situation auf eine verläßliche Grundlage zu stellen, es rational planbar und intersubjektiv überprüfbar zu machen»* (LOSER 1984, 443), gingen in der Regel mit operationalisierten Lernzielen einher und berücksichtigten die Komplexität von Unterricht nur wenig (vgl. z. B. HILLER 1975, 100 ff.). Sie konnten von Lehrenden wie Lernenden, die in die situativen und sich wandelnden Bedingungen von Unterricht eingebunden sind, kaum realisiert werden. Kritik und Ablehnung wurden dahingehend geäußert, daß lernzielorientierte Curricula die LehrerInnen in eine *«Statistenrolle»* (TREML 1984, 435) zurückdrängten und eher zur Disziplinierung und Unterwerfung von Lehrenden wie Lernenden als zu einem verbesserten Unterricht beitragen würden (vgl. ebd.; KNAB 1974, 180).

– Die Curricula selbst entsprachen in ihrer Qualität nicht den gesetzten Ansprüchen. So führt der DEUTSCHE BILDUNGSRAT 1974 folgende Schwierigkeiten und Mängel bezüglich der Arbeit der zentralisierten Projektgruppen an: Häufig konnten hoch angesetzte curriculumtheoretische Ziele aus finanziellen, zeitlichen, personellen und anderen Gründen nicht eingehalten werden; gegenüber der Öffentlichkeit hielten die Entwicklungsgruppen an ihren Postulaten fest, konnten sie jedoch in der täglichen Projektpraxis nicht einlösen, so daß *«nicht selten eine Diskrepanz zwischen programmatischer Außendarstellung»* (ebd., A6) und realer Konzeptualisierung entstand; gleichzeitig führte die Isolierung der Projektgruppen untereinander zu Unsicherheit und *«Abneigung gegenüber umfassenden Forschungsdesigns»* (ebd., A7).

Die Erfahrungen mit den zentral und lehrerunabhängig entwickelten Curricula bestärkten die Entscheidung, das vorliegende Projekt praxisnah zu erstellen. Insbesondere verband sich damit die Hoffnung, durch die direkte Auseinandersetzung mit den Lehrenden das Curriculum auf jene Aspekte zu konzentrieren, die in der Praxis als besonders problematisch empfunden werden, und hierzu neue, praktisch erprobbare Anregungen zu entwerfen.

4. Der Anspruch, ausschließlich über die Einbeziehung von Wissenschaftlern zu einer Legitimation der im Curriculum festgelegten Inhalte und Ziele zu gelangen, erscheint nicht einlösbar. Durch eine erfahrungswissenschaftlich ausgerichtete Expertenbefragung kann letztlich nicht objektiv begründet werden, warum welche Ziele und Inhalte in das Curriculum aufgenommen oder abgelehnt wurden: Auch Wissenschafter treffen subjektive, interessengeleitete und nicht wertfreie Entscheidungen (vgl. z. B. REICH 1983). Somit erscheint das Argument, die Legitimation eines Curriculums über sozialtechnologische Verfahren[1] unter ausschließlicher Beteiligung von wissenschaftlichen Experten zu erreichen, als Illusion.

«Dabei ist vom Standpunkt der Kritischen Erziehungswissenschaft entscheidend, daß die der Zielfindung dienende Expertenbefragung mit der Art und Weise der Zusammensetzung der Gruppe, der Herkunft und dem Bewußtsein ihrer Mitglieder etc. mit großer Wahrscheinlichkeit eben jenes ideologische Moment in den Entscheidungsprozeß hineinholt, das als ‹irrationales› durch die ‹Objektivierung› des Verfahrens ausgeschaltet werden sollte» (HOFFMANN 1978, 126 f).

Wenn demnach bei sozialtechnologisch ausgerichteten Projekten, in denen wie bei ROBINSOHN (1972), FLECHSIG u. a. (1971) und MÖLLER (1971) den wissenschaftlichen Experten die wesentliche Bedeutung und Funktion bei curricularen Entscheidungen zufällt, die Legitimationsproblematik nicht gelöst werden kann, entfällt ein weiteres Argument, das gegen eine Beteiligung der Betroffenen spricht. Im Sinne praxisnaher Curriculumentwicklung wird hingegen in dem vorliegenden Projekt davon ausgegangen, daß die *«pädagogische Begründung»* (KAISER 1983, 605) der Arbeit im wesentlichen durch den Dialog mit den Betroffenen und durch die Darlegung von curricularen Entscheidungs- und Auswahlkriterien erreicht wird (vgl. ebd.; FREY u. a. 1976).

---

[1] Vergleiche hierzu die Auseinandersetzung mit dem «R-D-D-Modell (Research-Development-Dissemination)» bzw. dem «Engineering-Modell», die als amerikanische Vorläufer technokratisch ausgerichteter Curriculumforschung betrachtet werden, z. B. bei RÜLCKER 1983, 222 ff.

Aus den bisherigen Ausführungen ist nicht zu ersehen, warum das vorliegende Projekt lediglich in Kooperation mit den Praktikern einer Krankenpflegeschule erfolgen soll. Dies läßt sich darauf zurückführen, daß es für den krankenpflegerischen Ausbildungsbereich keine Einrichtung gibt, in der eine Bearbeitung von (curricularen) Ausbildungsfragen auf regionaler Ebene in Form der Zusammenarbeit von Wissenschaftlern, Politikern und Praktikern möglich ist[2]. Darüber hinaus hätte die Ausweitung der Curriculumentwicklung auf einen größeren Kreis von Personen oder Krankenpflegeschulen den personellen, zeitlichen und finanziellen Rahmen dieses Projekts überstiegen – ganz abgesehen davon, daß es als gesichert gelten könnte, eine derartige Ausweitung hätte die Qualität der Arbeit verbessert.

2.2 Offene, fächerintegrative Curriculumkonstruktion

2.2.1 Merkmale und Begründung eines offenen Curriculums

In seinen *«Empfehlungen der Bildungskommission zur Förderung praxisnaher Curriculum-Entwicklung»* spricht sich der DEUTSCHE BILDUNGSRAT (1974) auch für die Konstruktion *«offener Curricula»* aus (ebd., 12ff.). Ein solches offenes Curriculum läßt sich durch folgende Merkmale charakterisieren:

– Es zeichnet *«für Ziele und Situationen deutliche Umrisse vor... und (ist) ... durch seine Elemente, die für sich und in ihrer Abfolge unterschiedlich verbindlich sein können, für Auslegungen und Ausformungen geöffnet»* (ebd., 12). Es überläßt somit den Lehrenden und Lernenden einen größeren Handlungsspielraum als das geschlossene, *«‹lehrersichere› (teacher-proof) Curriculum»* (ebd., 21f.).

– *«Es verzichtet auf Lernziele, die ausschließlich in beobachtbaren Verhaltensäußerungen angegeben sind. Es wendet sich gegen eine Planung, durch die der Ablauf von Lernvorgängen bis ins einzelne festgeschrieben wird»* (ebd., 22).

---

[2] Vergleiche dazu den Ansatz der «Regionalen Pädagogischen Zentren», DEUTSCHER BILDUNGSRAT 1974, 28ff.

– Es ist insbesondere auf die *«Unterstützung für die Vorbereitung und Hilfe zur Überprüfung des Unterrichts für alle Beteiligten»* (ebd., 21) angelegt. Es soll Lehrende wie Lernende zu *«produktive(r) Phantasie»*, innovativen Überlegungen und *«unkonventionelle(n) Einwände(n)»* anregen und *«dazu herausfordern, die individuellen Voraussetzungen der Lernenden aufzunehmen»* (ebd., 22).

– Es bleibt *«nicht der beliebigen Ausformung überlassen»*, sondern ist hinsichtlich der *«Auswahl von Materialien, Verfahren und Ziele(n) offenzulegen und zu begründen»* (ebd., 22, vgl. auch ebd., A 22 ff.).

Die Entscheidung, das vorliegende Projekt gemäß den genannten Vorstellungen des DEUTSCHEN BILDUNGSRATES zu konzipieren, beruht auf Überlegungen, nach denen die offene Gestaltung des Curriculums begründet werden soll in Zusammenhang mit:

1. den bildungstheoretischen Prämissen der kritisch-konstruktiven Didaktik bzw. der kritisch-emanzipatorischen Berufspädagogik,

2. der Vorstellung von Unterricht als einerseits situationsabhängigem, andererseits vorauszuplanendem Lehr-Lern-Prozeß,

3. der Kritik bzw. Ablehnung operationalisierter Lernzielvorgaben.

1. An dieser Stelle erscheint es notwendig aufzuzeigen, welche bildungstheoretischen Vorstellungen mit den Postulaten der Selbst- und Mitbestimmung, Solidarität, Emanzipation und Mündigkeit verbunden sind.

Nach KLAFKI (1985) wird Bildung verstanden:

«– als Fähigkeit zur Selbstbestimmung über die je eigenen, persönlichen Lebensbeziehungen und Sinndeutungen zwischenmenschlicher, beruflicher, ethischer, religiöser Art;

*– als Mitbestimmungsfähigkeit, insofern **jeder** Anspruch, Möglichkeit und Verantwortung für die Gestaltung unserer gemeinsamen gesellschaftlichen und politischen Verhältnisse hat;*

– als Solidaritätsfähigkeit, insofern der eigene Anspruch auf Selbst- und Mitbestimmung nur gerechtfertigt werden kann, wenn er nicht

nur mit der Anerkennung, sondern mit dem Einsatz für diejenigen verbunden ist, denen ebensolche Selbst- und Mitbestimmungsmöglichkeiten auf Grund gesellschaftlicher Verhältnisse, Unterprivilegierung, politischer Einschränkungen oder Unterdrückungen vorenthalten oder begrenzt werden» (ebd., 17).

Nach LEMPERT sind die zentralen Begriffe, an denen sich Ausbildung ausrichten soll, «Emanzipation» und «Mündigkeit»:

«Emanzipation bedeutet negativ die Verringerung von Abhängigkeiten, unter denen Menschen leiden, positiv die Erweiterung unserer objektiven Chancen und subjektiven Fähigkeiten zur Bedürfnisbefriedigung und – weil Bedürfnisse nur als artikulierte handlungsrelevant werden – zur Bedürfnisartikulation» (LEMPERT 1973, 69);

«Mündigkeit (ist) das Vermögen, aus Einsicht an der Veränderung des Bestehenden mitzuwirken» (LEMPERT 1971, 51).

Gemäß diesen Zielvorstellungen sollten (Aus-)Bildungsprozesse den Lernenden Möglichkeiten zur Ausübung von Kritik – einschließlich der Selbstkritk –, zum Argumentieren, zum «sich-in-andere-Einfühlen» und zum Reflektieren über sich selbst und die Umwelt bieten (vgl. KLAFKI 1985 23; LEMPERT 1971, 112 ff.; 1973, 68).

Da derartige – beispielsweise von der Unterrichtssituation sowie den Biographien der Lehrenden und Lernenden abhängigen – Prozesse nicht vorgegeben werden können, würde ein Curriculum, in dem versucht wird, Unterricht in ausgefeilte Details zu zerlegen bzw. Lernvorgänge bis ins einzelne vorzuplanen, gegen *«Emanzipation... (und) Bildung... als regulatives Prinzip»* (BLANKERTZ 1978, 178) verstoßen.

Des weiteren ist es im Sinne der bildungstheoretischen Prämissen kaum möglich, ein Curriculum zu konzipieren, das darauf abzielt, als geschlossenes System von Richtzielen und daraus abgeleiteten Grob- und Feinzielen den Lernerfolg der SchülerInnen an beobachtbaren Verhaltensänderungen zu messen (vgl. MÖLLER 1971, 51). Demnach müßten Zielsetzungen, die nicht operationalisierbar sind, aus der Curriculumkonstruktion ausgeschlossen sein. Das beträfe insbesondere die oben genannten Postulate, denn wie sollen Selbst- und Mitbestimmungsfähigkeit, Solidarität, Emanzipation und Mündigkeit in Lernziele zergliedert werden, die angeben:

«– *was der Lernende tun soll (eindeutige Endverhaltensbeschreibung),*
– woran und unter welchen situativen Bedingungen er dies tun soll (Angabe der näheren Bedingungen, des situativen Rahmens), und
– woran das richtige Verhalten oder Produkt erkannt werden kann (Angabe des Beurteilungsmaßstabes, der Grenze für das noch annehmbare Verhalten)» (MÖLLER 1980, 165).

2. Die Vorstellung über die Durchführungsmöglichkeiten von Unterricht hat Auswirkungen auf die Art der offenen Gestaltung des Curriculums.

Einerseits wird eine Unterrichtsform als erstrebenswert erachtet, bei der es den Lernenden möglich ist, das Unterrichtsgeschehen mitzubestimmen, bei der Bedürfnisse artikuliert und befriedigt werden können, bei der allen Beteiligten klar ist, «was warum» gelernt wird, bei der es Freiräume zum Argumentieren, Diskutieren, Kritisieren und zum sozialen Lernen gibt. Wenn dieses Ideal nicht von vornherein unterbunden werden soll, muß ein Curriculum Freiräume enthalten, die zur Verwirklichung eines derartigen «schülerorientierten», interaktiven Unterrichtsprozesses beitragen können (vgl. DEUTSCHER BILDUNGSRAT 1974, 18 f.; KLAFKI 1985, 72 ff.; LOSER 1983, 446 f.).

Andererseits kann Unterricht nicht als «grenzenloses Hier-und-Jetzt-Geschehen» betrachtet werden, sondern ist institutionellen Zwängen und instrumentellen Anforderungen ausgesetzt, nach denen er z. B. im Rahmen der Ausbildung auf die Vermittlung von Qualifikationen zur Befähigung der Berufsausübung ausgerichtet sein soll. In diesem Sinne muß ein offenes Curriculum – um nicht in den Bereich der Utopie zu verfallen – einen Weg aufzeigen, der einen Orientierungsrahmen für den Erwerb dieser Fähigkeiten, Fertigkeiten und Kenntnisse abgibt. Dieser Weg muß jedoch nicht zwangsläufig durch einengende Lernzielbeschreibungen markiert sein, sondern kann sich als ein intentional begründetes, strukturiertes Angebot darstellen, das den Lehrenden und Lernenden Raum für eigene Auslegung, Problemlösung und Handlung läßt (vgl. MOSER 1975, 123).

Die Befürwortung einer eindeutigen curricularen Strukturierung geht darüber hinaus auf eine Auffassung von Unterrichtswirklichkeit zurück, nach der *«weder pädagogische (didaktische) Ziele noch Themen* *oder Medien oder Methoden des Unterrichts **erst** oder **vorwiegend in** der unterrichtlichen Interaktion selbst **hervorgebracht** werden»* (KLAFKI 1985, 73). Demnach dürfte eine konkrete curriculare Vorlage eine wichtige Erleichterung für die Lehrenden sein, die nach Bedarf gemeinsam mit den Lernenden als Diskussionsgrundlage für die Unterrichtsgestaltung genutzt werden kann.

Des weiteren ist einer Einschätzung von MÜLLER (1982) zuzustimmen, der allgemein für Lehrkräfte in der Ausbildung konstatiert, was auch in Hinblick auf die hohe Anzahl von FremddozentInnen in der Krankenpflegeausbildung zutreffen dürfte:

«Solange die erziehungswissenschaftliche Kompetenz bei den Dozenten fehlt, wäre es sicherlich sinnvoll, die didaktischen Handlungsspielräume zu präzisieren. Wird dies nicht geschehen, so muß der Gesetzgeber immer damit rechnen, daß sich vor Ort Qualifikationskonzepte durchsetzen, die sich nicht am bildungspolitisch Gewünschten, sondern sich am bildungspolitisch vor Ort Machbaren orientieren und damit eigentlich nur ein Abbild des Einflusses der Interessen vor Ort darstellen. Ein Reformanspruch, welcher Art auch immer, wird damit prinzipiell aufgegeben, der status quo festgeschrieben» (ebd., 23).

3. Da im Zusammenhang mit offener Curriculumkonstruktion auf Lernziele verzichtet werden soll, *«die ausschließlich in beobachtbaren Verhaltensäußerungen angegeben sind»* (DEUTSCHER BILDUNGSRAT 1974, 22), erscheint es angemessen, nochmals gebündelt jene – teilweise bereits angeführten (vgl. oben, S. 76, 80 f.) – Kritikpunkte operationalisierter Lernzielvorgaben zu benennen, auf denen diese Entscheidung beruht:

– Die mit der Lernzieloperationalisierung einhergehende Reduktion der Komplexität und Situativität von Unterricht (vgl. z. B. GIEL/ HILLER 1970, 739 ff.; SCHULZ 1980, 83) könnte die Lehrenden zu der verkürzten Annahme verleiten, eine Verbesserung des Lehr-Lern-Prozesses käme allein dadurch zustande, daß man die Lernenden über korrekt formulierte Lernziele zu einem gewünschten Endverhalten führt. Gleichzeitig ist zu befürchten, daß durch das geschlossene System operationalisierter Lernziele Lernsituationen ausschließlich *«instrumentell, das heißt als Mittel zur Erzeugung einer festgelegten Endkompetenz aufgefaßt werden»* (DEUT-

SCHER BILDUNGSRAT 1974, A18) und somit Lernprozesse, die sich an der Situation der Lernenden, ihren Ideen, Erfahrungen und Interessen ausrichten sowie den Postulaten der kritisch-konstruktiven Didaktik (vgl. oben, S. 79 f.) verpflichtet fühlen, verhindert werden.

– Indem operationalisierte Lernziele nur der *«Klassifikation menschlicher Leistungen»* (MESSNER 1970, 777) dienen, bieten sie den Lehrenden wenig Hilfe bei der inhaltlichen und methodischen Gestaltung von Unterricht. Ein Curriculum, das sich primär als Anregungs- und Planungshilfe für Unterricht versteht, muß demnach andere Unterstützungsmaßnahmen anbieten.

– Der mit der Lernzielformulierung verknüpfte Operationalisierungsprozeß wird kritisiert und abgelehnt, weil er vorgibt, ein rationales Entscheidungsverfahren zu sein und dabei verschleiert, daß durch ein formales Deduktions- und Hierarchisierungsverfahren keine Entscheidungen über die inhaltliche Zielbestimmung von Unterricht bzw. Ausbildung getroffen werden können (vgl. BLANKERTZ 1980, 151 ff.; GIEL/HILLER 1970, 745; RÜLCKER 1983, 225 f.).

– Operationalisierte Lernzielbeschreibung ist gemäß der behavioristischen Lerntheorie nur auf Verhaltensänderung ausgerichtet. Wenn jedoch davon ausgegangen wird, daß menschliche Aktivität nicht nur ein durch Reiz-Reaktions-Ketten bestimmtes Verhalten darstellt, sondern als «Handeln» situativ und kommunikativ bedingt ist und durch Motivationen, Denkvorgänge, Emotionen etc. beeinflußt wird, dann sind institutionalisierte Lernprozesse ebenfalls in bezug auf die Handlungsfähigkeit des Menschen auszurichten (vgl. SIEBERT 1974, 88 ff.; MOSER 1975). Entsprechend kann sich ein Curriculum nicht auf der Ebene der Verhaltensbeschreibung bewegen, sondern muß sich an anderen – handlungsorientierten – Kriterien ausrichten (vgl. unten, Kap. 2.3).

Abschließend sei betont, daß die Kritik an operationalisierten Lernzielen nicht dahingehend zu verstehen ist, daß bei der Erstellung des offenen Curriculums auf Zielsetzungen verzichtet wird. Diese sollen jedoch darauf gerichtet sein, den Lehrenden und Lernenden die Entscheidungen, Intentionen und Zusammenhänge des Curriculums zu verdeutlichen, so daß es für sie transparent und nachvollziehbar wird.

2.2.2 Merkmale und Begründung eines fächerintegrativen Curriculums

Der Begriff «fächerintegrativ» kann als Strukturierungsprinzip gekennzeichnet werden, nach dem Curricula nicht gemäß der traditionellen Aufteilung von Schulfächern bzw. Fachwissenschaften entwickelt werden, sondern tendenziell an der wechselseitigen Beziehung zwischen fachwissenschaftlichen Elementen und gesellschaftlicher Realität ausgerichtet sein sollen (vgl. NESTLE 1983, 104). Die diesen Ansätzen zugrundeliegenden Theorien sind hinsichtlich *«der Herleitung und Legitimation ihrer Curriculumkomponenten unterschiedlich»* (ebd.). Die damit einhergehenden verschiedenartigen curricularen Konzeptualisierungsmöglichkeiten werden im nachfolgenden Abschnitt aufgegriffen. In diesem Teil steht hingegen die Begründung der Entscheidung im Vordergrund, das Curriculum für die theoretische Krankenpflegeausbildung nicht nach den in der Ausbildungs- und Prüfungsverordnung vorgegebenen Fächern, sondern nach fächerintegrativen Lerneinheiten zu strukturieren. Dabei sollen die Argumente aus den Perspektiven

1. der curriculumtheoretischen Diskussion und

2. der kritisch-konstruktiven Didaktik von KLAFKI (1985)

dargestellt werden.

1. In der curricularen Diskussion ist der gemeinsame Ausgangspunkt fächerintegrativ angelegter Curricula die Kritik an Curriculumtheorien, die sich an wissenschaftlichen Disziplinen orientieren. Derartige Ansätze (zur Übersicht vgl. z. B. NESTLE 1983, 103f.; HAMEYER 1983, 82ff.) sind primär daran interessiert, die Struktur der wissenschaftlichen Disziplinen nach Grundbegriffen, fundamentalen Einsichten und Verfahrensweisen aufzuschlüsseln und die Ziele, Inhalte und Verfahren von Unterricht an diesen wissenschaftlichen Elementen auszurichten. Begründet wird das Vorgehen zum einen damit, daß über die Strukturen der Disziplin strukturiertes Wissen, Denken und Handeln bei dem Lernenden erzeugt wird (lernpsychologisches Argument), zum anderen damit, daß den Wissenschaften eine zentrale Rolle in der gesellschaftlichen Realität zukommt und sie somit eine welterschließende Funktion haben (bildungstheoretisches Argument) (vgl. NESTLE 1983, 103).

84

Die Kritik an diesen Ansätzen und zugleich damit die Hinwendung zum fächerintegrativen Vorgehen wird in der Theoriediskussion anhand folgender Gesichtspunkte vorgenommem:

– Disziplinorientierte Schulfächer stehen «*infolge der rasch fortschreitenden Ausdifferenzierung und Spezialisierung und des ständigen Wandels der Forschungslogik und -technik*» (ebd., 104) in Diskrepanz zum Forschungs- und Erkenntnisstand der wissenschaftlichen Disziplinen.

– Disziplinorientierte Curricula stellen sich in der Regel als «*geschlossene Lehrgebäude mit detailliert ausgearbeiteten Schrittfolgen*» (GARLICHS 1983, 22) ohne Bezug zu den Bedürfnissen der Lernenden dar und sind somit nicht mit der die offene Curriculumkonstruktion befürwortenden Perspektive vereinbar.

– Da das Erkenntnisinteresse der modernen Wissenschaften ein anderes ist als das der Lernenden, können sie ihnen keinen Orientierungsrahmen für das Leben geben, keine Hilfe für die Bewältigung von Lebenssituationen (vgl. ROBINSOHN 1972, XV; ZIMMER 1973, 22 ff.):

«*Stellt man sich die messenden, klassifizierenden, Variablen kontrollierenden Schüler vor, so läßt sich einiges von ihrer Hilflosigkeit erahnen gegenüber den vielfach ganz anders, nämlich unmittelbar und sinnlich erfahrenen Problemen, Schwierigkeiten und also Widersprüchen ihrer Lebenssituationen*» (ZIMMER 1973, 23 f).

– Wissenschaftsorientierte Curricula sind auf die «*passive Reproduktion wissenschaftlicher Begriffe und Strukturen*» (NESTLE 1983, 104) angelegt, klammern die aktive Auseinandersetzung mit gesellschaftlichen Problemen – einschließlich der gesellschaftlichen Problematik der Wissenschaften – aus und verbauen dadurch «*konsequent den Blick des Schülers dafür..., daß sich heute... sogenannte wissenschaftliche Strukturen und Verfahren erst in der Auseinandersetzung mit konkreten Problemen ergeben*» (GIEL u. a. 1974, 20).

Wenn diesen Kritikpunkten in dem vorliegenden Projekt zugestimmt wird, so soll dies nicht heißen, daß die Bedeutung der Wissenschaften ignoriert und wissenschaftliche Erkenntnisse aus dem Curriculum ausgeschlossen werden sollen. Dies widerspräche der im ersten Kapitel bemängelten Wissenschaftsferne des krankenpflegerischen Berufs- und Ausbildungsbereichs und würde verkennen, daß Wissenschaft durchaus aufklärerische und emanzipatorische Funktionen einnehmen kann (vgl. z.B. BLANKERTZ 1974). Somit sei betont, daß hier «fächerintegrativ» nicht gleich «wissenschaftsfern» heißen soll. Dabei wird der Beitrag, den Wissenschaften für die (Aus-)Bildung von Lernenden leisten sollen, aus einer spezifischen didaktischen Perspektive gesehen, wie es im folgenden deutlich werden soll.

2. Um das fächerintegrative Prinzip im Rahmen der konstruktiv-kritischen Didaktik einordnen und begründen zu können, sei kurz auf weitere zentrale Annahmen von KLAFKI (1985) eingegangen. Nach KLAFKI bedeutet Bildung,

> *«ein geschichtlich vermitteltes Bewußtsein von zentralen Problemen der gemeinsamen Gegenwart und der voraussehbaren Zukunft gewonnen zu haben, Einsicht in die Mitverantwortlichkeit **aller** angesichts solcher Probleme und Bereitschaft, sich ihnen zu stellen und am Bemühen um ihre Bewältigung teilzunehmen»* (ebd., 20).

Solche zentralen Probleme, von KLAFKI als *«Schlüsselprobleme»* (ebd.) bezeichnet, sind z.B. *«die Friedensfrage und das Ost-West-Verhältnis»*, *«die Umweltfrage»*, *«Arbeit und Arbeitslosigkeit»*, *«Arbeit und Freizeit»* *«das Verhältnis der Generationen zueinander»*, *«die menschliche Sexualität und das Verhältnis der Geschlechter zueinander»*, *«Behinderte und Nichtbehinderte»*, *«Möglichkeiten und Problematik der Massenmedien und ihre Wirkung»* (ebd., 21) u.ä..
Bildungsprozesse sollen nun – jedoch nicht ausschließlich – darauf angelegt sein, diese *«Schlüsselprobleme»* im Unterricht zu thematisieren (vgl. ebd., 69 ff.). Hierbei sollen sie analytisch – das heißt, in Hinblick auf ihre Ursachen – und perspektivisch – das heißt, in Hinblick auf Handlungsmöglichkeiten – bearbeitet werden. In diesem Zusammenhang erscheint eine fächerintegrative, interdisziplinäre Betrachtungsweise wünschenswert: Es *«erweisen sich dann sowohl die Grenzen herkömmlicher Schulfächer als auch die Abgrenzungen herkömmlicher Einzelwissenschaften und deren eigene Systematik (...) vielfach als didaktisch unzulängliche Problemreduktionen, die für die Gestaltung des Unterrichts nicht verbindlich sein dürfen»* (ebd., 70).

Der didaktische Beitrag, der den Wissenschaften in diesem Kontext zugeschrieben wird, liegt darin, daß sie durch ihre jeweiligen – teilweise kontroversen, teilweise sich ergänzenden – Fragestellungen, Methoden, Theorien und Erkenntnisse dem Lernenden dazu verhelfen sollen, die Wirklichkeit zu durchschauen und zu verstehen und *«in ihr urteilsfähig, kritikfähig, handlungsfähig»* (ebd., 112) zu werden. Das heißt, es geht nicht um die Einzeldarstellung jeweiliger Fachdisziplinen, *«um die verkleinerte Abbildung, die in bestimmten Wissenschaften erreicht ist»* (ebd., 113), sondern um ihre aufklärerische Funktion bei der Problemanalyse einerseits und bei der Entwicklung von Handlungsfähigkeit andererseits.

Darüber hinaus kann über die von KLAFKI angeführten Grundgedanken zum *«exemplarischen Lehren und Lernen»* (ebd., 87 ff.) die Bedeutung des fächerintegrativen Prinzips herausgearbeitet werden. KLAFKI wendet sich gegen ein Lernen, das durch die *«reproduktive Übernahme möglichst vieler Einzelkenntnisse, -fähigkeiten und -fertigkeiten»* (ebd., 89) und die damit einhergehende Stoffülle von Lehrplänen (ebd., 92) charakterisiert werden kann. Genau dies ist jedoch die Gefahr, wenn Lehrpläne den Einzelwissenschaften großen Spielraum zur Selbstdarstellung lassen. *«Exemplarisches Lehren und Lernen»* hingegen soll primär die Selbständigkeit und Aktivität des Lernenden fördern (vgl. ebd., 89 ff.) und ist darauf ausgerichtet, daß der Lernende *«über das am Besonderen erarbeitete Allgemeine»* (ebd., 90) Einsicht in Aspekte und Zusammenhänge der Wirklichkeit sowie *«eine ihm bisher nicht verfügbare neue Strukturierungsmöglichkeit, eine Zugangsweise, eine Lösungsstrategie, eine Handlungsperspektive»* (ebd.) gewinnt. Die Inhalte und Themen *«exemplarischen Lernens und Lehrens»* sollen sich gemäß dem Bildungsverständnis an den genannten *«Schlüsselproblemen»* (ebd., 100) ausrichten und lassen sich nicht aus den Wissenschaften ableiten (vgl. ebd., 99). Von diesem Punkt aus wäre die weitere Argumentation identisch mit der bereits angeführten und ließe entsprechend ein fächerintegratives Vorgehen als sinnvoll bzw. notwendig erscheinen.

In Anlehnung an KLAFKI liegt die didaktische Begründung des fächerintegrativen Ansatzes des vorliegenden Projekts in folgenden Annahmen:

– Bei der Entwicklung von Handlungsfähigkeiten im Kontext der Analyse beruflicher Probleme wird den Wissenschaften eine wichtige, aufklärerische Funktion zugeschrieben. Damit soll von einer Wissensvermittlung Abstand genommen werden, die sich nur aus der Wiedergabe unhinterfragter Traditionen und nicht begründbarer Erfahrungswerte zusammensetzt («man macht das, weil man es schon immer so getan hat...»).

– Um der Gefahr zu begegnen, daß die Wissenschaften Unterricht zur Darstellung ihrer eigenen Fachsystematik und speziellen Erkenntnisse nutzen und dabei losgelöst von der Realität der Auszubildenden – ihren Fragen und Problemen – vorgehen, müssen im Curriculum inhaltliche Bereiche entwickelt werden, die bei der Ausbildungs- und Berufswirklichkeit der Lernenden ansetzen. Auf diese Bereiche müssen die Wissenschaften bezogen werden.

– Wird von der Ausbildungs- und Berufsrealität – und dem Handeln in ihr – ausgegangen, so ist deren Komplexität zu berücksichtigen. Bei der derzeitigen Ausspezialisierung der Wissenschaften, ihrer Konzentration auf Detailprobleme, können sie auf mehrdimensionale Fragen häufig nur eindimensionale Antworten geben. Die in diesem Zusammenhang im wissenschaftlichen Bereich erhobene Forderung nach Interdisziplinarität findet sich analog hierzu in der Fächerintegration des Curriculums wieder: durch sie soll die einseitige und damit reduzierte Bearbeitung eines Themenkomplexes zugunsten einer perspektivisch unterschiedlichen, sich ergänzenden oder Kontroversen verdeutlichenden und somit umfassenderen Herangehensweise aufgehoben werden.

– Der Vorstellung exemplarischen Lernens und Lehrens soll dadurch Rechnung getragen werden, daß nicht auf die Wiedergabe möglichst aller wesentlichen Begriffe, Erkenntnisse und Verfahrensweisen der Disziplinen abgezielt wird, sondern aus der Fülle der wissenschaftlichen Details diejenigen ausgewählt werden, die zur Bearbeitung der ausbildungs- und berufsbezogenen Themenkomplexe wichtig erscheinen. Die damit einhergehende Stoffreduktion soll der selbständigen, aktiven und kritischen Auseinandersetzung der Auszubildenden mit ausgewählten Aspekten, «exemplarischen Beispielen», dienen.

2.3 Der Beitrag von Curriculumtheorien zur Auswahl und Strukturierung von Zielen und Inhalten in einem offenen, fächerintegrativen Curriculum

Die Entscheidung, über praxisnahe Entwicklung ein offenes, fächerintegratives Curriculum zu konzipieren, löst nicht die Frage, nach welchen Kriterien Ziele, Inhalte, Methoden, Medien und Beurteilungsmaßstäbe im Curriculum festgelegt werden sollen. Entsprechend soll im folgenden eine Auseinandersetzung mit curriculumtheoretischen Ansätzen erfolgen, von denen angenommen wird, daß sie hinsichtlich der Kriterien- bzw. Strukturierungsfrage des vorliegenden Projekts Anregungen bieten können. Als solche lassen sich nennen:

- der qualifikationsorientierte Ansatz von ROBINSOHN (1967);
- der situationsorientierte Ansatz von ZIMMER (1973);
- der mehrperspektivische Ansatz von GIEL u. a. (1974).

Darüber hinaus erscheint es sinnvoll zu ermitteln, inwieweit in der allgemeinen Didaktik Hilfestellungen vorzufinden sind.

Bezüglich der Gesamtanalyse ist folgende Einschränkung vorzunehmen: Wenn auch die Wichtigkeit von Methoden, Medien und Beurteilungsmaßstäben bei der Planung und Durchführung von Unterricht anerkannt wird, sollen sie hier ausgeklammert bleiben. Der Grund liegt darin, daß die Konstruktion eines Curriculums, das allen Komponenten gerecht wird, die personelle und zeitliche Kapazität des Projekts übersteigen würde. In diesem Sinne mußte eine Prioritätensetzung vorgenommen werden, nach der gemäß den Interessen der Betroffenen (vgl. unten, S. 8) die curriculare Ausrichtung an Zielen und Inhalten in den Vordergrund gestellt wird.

2.3.1 Der qualifikationsorientierte Ansatz von ROBINSOHN

Mit seiner 1967 erschienenen Schrift *«Bildungsreform als Revision des Curriculums»* initiierte ROBINSOHN über die Rezeption angelsächsischer und schwedischer Curriculumforschung die Curriculumdiskussion im bundesrepublikanischen Bereich und kann damit als *«Mentor der* (bundesdeutschen, UO) *Curriculumforschung»* (BLANKERTZ 1980, 163) bezeichnet werden.

Wenn auch im Vorangegangenen eine der zentralen Annahmen RO-
BINSOHNs, curriculare Entscheidungen seien durch rationale, sozialtechnologische Verfahren zu legitimieren (ROBINSOHN 1973,
XVf., 48ff.), kritisiert wurde (vgl. oben, S. 77f.), so kann dennoch
erwartet werden, daß ROBINSOHN in seinem Modell Kriterien an-
führt, nach denen Inhalts- und Zielentscheidungen vorzunehmen
sind. Eine solche Erwartung ergibt sich insbesondere, wenn man in
den einleitenden Ausführungen ROBINSOHNs erfährt, daß er hinsichtlich der Bildungsreform *«eine Revision der Inhalte des Lehrgefü-
ges»* (ebd., 3) vermißt und eben dieser Revision die zentrale Bedeutung bei Curriculumforschung und -entwicklung zuschreibt (vgl. ebd.,
31). Hierbei legt ROBINSOHN folgende bildungstheoretische Argumentationskette zugrunde: *«Bildung als Vorgang, in subjektiver Bedeutung, ist Ausstattung zum Verhalten in der Welt»* (ebd., 13). Entsprechend muß *«in der Erziehung Ausstattung zur Bewältigung von
Lebenssituationen geleistet»* (ebd., 45) werden. Diese hat zu erfolgen,
*«indem gewisse Qualifikationen und eine gewisse ‹Disponibilität› durch
die Aneignung von Kenntnissen, Haltungen und Fertigkeiten erworben
werden»* (ebd.). Die Curriculumforschung muß in diesem Zusammenhang zentral darauf ausgerichtet sein,

> *«...diese* **Situationen** *und die in ihnen geforderten* **Funktionen***,*
>
> *die zu deren Bewältigung notwendigen* **Qualifikationen**
>
> *und die* **Bildungsinhalte** *und* **Gegenstände***, durch welche diese Qua-
> lifizierung bewirkt werden soll»* (ebd. 45)

zu identifizieren.

Die Ermittlung der Bildungsinhalte soll anhand von drei übergreifenden Kriterien erfolgen, nach denen sie hinsichtlich ihrer Bedeutung
«im Gefüge der Wissenschaft», ihrer *«Leistung... für Weltverstehen»*
und ihrer *«Funktion... in spezifischen Verwendungssituationen des
privaten und öffentlichen Lebens»* (ebd., 47) ausgewählt werden sollen.

Über diese allgemeinen Entscheidungs- und Auswahlkriterien geht
ROBINSOHN nicht hinaus. Das heißt, man erfährt nicht, woran die
Bedeutung eines Bildungsinhalts im *«Gefüge der Wissenschaft»* festzu-
machen ist, wann ein Bildungsinhalt viel, wenig oder gar nichts für das
«Weltverstehen» leisten könnte, welche *«Verwendungssituationen»* als

90

die wichtigen anerkannt bzw. als unwichtig abgelehnt werden sollen. Ebenfalls findet man keine Aussagen zur Frage der Strukturierung des Curriculums: Soll es nach Qualifikationen oder Situationen gegliedert werden? Wie ist mit dem Problem umzugehen, wenn dieselben Inhalte mehreren Qualifikationen oder dieselben Qualifikationen mehreren Situationen zugeordnet werden können? All diese Aspekte bleiben in ROBINSOHNs Modell ausgeklammert bzw. sollen durch den Konsens der befragten Wissenschaftler und *«Repräsentanten der wichtigsten Verwendungsbereiche»* (ebd., 49) gelöst werden (vgl. ebd., 47 ff.).

Nun könnte man vermuten, konkretere Anhaltspunkte in einem Curriculum vorzufinden, das von Experten gemäß ROBINSOHNs Vorstellungen entwickelt wurde. Auch hier wird man nicht fündig: Der Ansatz von ROBINSOHN ist wegen seiner Komplexität, seines Anspruchs *«von globaler Revision von allem und jedem . . . über das Stadium von Absichtserklärungen»* (BLANKERTZ 1980, 177) nicht hinausgekommen.

Zusammengefaßt bedeutet das, daß aus dem Curriculum-Modell von ROBINSOHN keine aussagekräftigen Antworten auf die Fage nach der Strukturierung sowie Ziel- und Inhaltsauswahl für das vorliegende Projekt entnommen werden können.

Das soll nicht heißen, daß ROBINSOHNs Ansatz, Curriculuminhalte nicht aus den Fachwissenschaften zu deduzieren und sie zugunsten eines verstärkten Gegenwartsbezugs aus dem traditionellen Kontext zu lösen (vgl. ebd., 13 ff.), in seinem zentralen Stellenwert für die nachfolgende Curriculumdiskussion im allgemeinen und für die Befürwortung einer Fächerintegration im besonderen unterschätzt wird. Jedoch ist die damit verbundene Ausrichtung an *«Verwendungssituationen»* und *«Qualifikationen»* nicht unproblematisch: Wenn auch ROBINSOHN Erziehungs- oder Bildungsziele wie *«Bereitschaft zur Veränderung»*, *«Autonomie»* und *«geistige Urteilsfähigkeit»* (ebd., 16 f.) postuliert, so führten Versuche, sein Modell im beruflichen Bereich umzusetzen, im wesentlichen zu Konzepten, die funktional auf den Erwerb lediglich solcher Qualifikationen zielten, die für die Bewältigung der gegebenen Berufssituation eine Rolle spielen (vgl. REETZ/SEYD 1983, 173 f.). *«Die Vermittlung sogenannter extrafunktioneller Qualifikationen, mit deren Hilfe Situationen – auch in ihrer Grundstruktur – verändert werden können»* (VOIGT 1977, 59) und die Berücksichtigung von *«subjektiv-personalen Ansprüchen des Auszubildenden»* (REETZ/SEYD 1983, 175) erlangten hingegen kaum Bedeutung.

Ohne negieren zu wollen, daß Ausbildung der Erwartung ausgesetzt ist, instrumentelle Qualifikationen zu vermitteln (vgl. oben, S. 81 f.) – und damit der Ansatz von ROBINSOHN naheliegt –, führen die eben genannten Aspekte zu der Überlegung, daß eine ausschließlich funktionale Ausrichtung des Curriculums durch die Berücksichtigung eines theoretischen Ansatzes, der die Situation der Lernenden in den Mittelpunkt rückt, gegebenenfalls durchbrochen werden kann.

2.3.2 Der situationsorientierte Ansatz von ZIMMER

Wenn der Situationsbezug bei ROBINSOHN primär der Ermittlung curricular verwertbarer Qualifikationen diente, so stellt er bei ZIMMER (1973) den Ausgangpunkt dar, von dem aus das Curriculum nach didaktischen Einheiten zu gliedern ist, *«die jeweils bestimmten Situationen oder Situationsbereichen gelten»* (ebd., 46) sollen.

Die Absicht ZIMMERs, sein Projekt vorschulischer Curriculumentwicklung auf die Lebenswirklichkeit von Kindern, Erziehern und Eltern zu beziehen, geht mit einem Verständnis einher, nach dem *«Lebenswirklichkeit»* nicht als ein von Menschen unabhängiges, eigengesetzliches, *«überdauerndes Gebilde»* zu betrachten, sondern *«als je konkrete in ihrer Geschichtlichkeit, Machbarkeit und Veränderbarkeit zu verdeutlichen»* (ebd., 28) ist. Bildungs- und Erziehungsprozesse sollen darauf ausgerichtet sein, Lernende *«für das Handeln in Lebenssituationen zu qualifizieren»* (ebd.).
Im Unterschied zu ROBINSOHN betont ZIMMER nachdrücklich die emanzipatorische Ausrichtung des Qualifizierungsprozesses: *«‹Qualifizieren› soll dabei bedeuten, sie* (die Lernenden, UO) *in die Lage zu versetzen, in Situationen der Gegenwart und näheren Zukunft ihren **Anspruch auf Selbstbestimmung… in kompetenter Weise** zu vertreten»* (ebd.). Er wendet sich somit gegen eine Auffassung, nach der Kompetenz *«vor allem als technisch-instrumentelle Qualifikation»* (ebd., 29) betrachtet wird und sieht seinen situationsbezogenen Ansatz dem Versuch verpflichtet, *«technisch-instrumentelle Qualifikationen auf ihre sozialen Kontexte rückzubeziehen und sie in ihnen zu vermitteln, um damit jenes Mehr an Kompetenz zu schaffen, das notwendig erscheint, wenn Autonomieansprüche erkannt und vertreten werden sollen»* (ebd., 30). Dabei muß jedoch beachtet werden, *«daß von Autonomie nicht anders geredet werden kann als von einem herzustellenden wünschbaren Zustand»* (ebd., 31).

Hervorgehoben werden soll an den Ausführungen ZIMMERs die Verknüpfung des «*instrumentellen*» mit dem «*autonomen*» Aspekt des Handelns (vgl. auch ebd., 45 f.). Er kommt damit jenen – diesem Projekt zugrundeliegenden – berufspädagogischen Vorstellungen nahe, nach denen Ausbildung über die technische Qualifizierung hinaus «*die Berufsanwärter auch zur Selbstbehauptung sowie zur Kritik und Verbesserung der beruflichen Gegebenheiten*» (LEMPERT 1981, 68) befähigen und ermutigen soll und nach denen gleichzeitig die Bedeutung technologischer Komponenten – wie z. B. berufliches «Knowhow» – im Qualifizierungsprozeß nicht als «*notwendig unemanzipatorisch*» (WANNER 1987, 168; vgl. auch VOIGT 1977, 43 f.) einzuschätzen ist.

Die Frage ist nun, inwieweit der Ansatz von ZIMMER Hilfestellungen hinsichtlich curricularer Strukturierungs- und Entscheidungsfragen bietet, die über die Anregung hinausgehen, das Curriculum nach an bestimmten Lebenssituationen ausgerichteten didaktischen Elementen zu gliedern.

Hinsichtlich der Auswahl der die didaktischen Einheiten konstituierenden Lebenssituationen führt ZIMMER folgende Kriterien an:

– Es sollten typische Lebenssituationen von Kindern – und nicht von Erwachsenen – gewählt werden, die an deren Erlebnissen, Fragestellungen und Problemen ansetzen (vgl. ebd., 36 f.).

– «*Es sollten... nicht idealtypische Situationen konstruiert werden, die für alle Kinder als gleichartig angesehen werden; es sollten reale Situationen in jeweiligen subkulturellen Milieus sein*» (ebd., 37).

– «*Es sollten... Situationen sein, die im Rahmen pädagogischer Aktion beeinflußbar sind, in denen beispielhaft gezeigt werden kann, daß Kinder und Erwachsene... Einfluß zu nehmen in der Lage sind*» (ebd.).

Übertragen auf das vorliegende Projekt würde dies bedeuten: Es sind Situationen auszuwählen, die erstens die Fragen, Probleme und Unsicherheiten der Auszubildenden in den Vordergrund stellen, die zweitens der Ausbildungs- und Berufsrealität und nicht einer idealtypischen Vorstellung von ihr entsprechen, und die drittens so angelegt sind, daß sie nicht als unveränderbar betrachtet werden.

Bezüglich der Gestaltung der situationsbezogenen didaktischen Einheiten hebt ZIMMER vier zentrale Elemente hervor:

– Als Ausgangspunkt kommen *«situative Anlässe»* (ebd., 47) infrage, nach denen insbesondere *«lokale»* oder/und *«alltägliche Vorfälle»* (ebd., 47f.) bearbeitet werden sollen.

– Aus diesen *«situativen Anlässen»* können *«Projekte»* (ebd.) entwickelt werden, die als Szenarien innerhalb oder Exkursionen außerhalb der Institution (vgl. ebd., 49f.) der reflektierten *«Bewältigung der jeweiligen Fragen und Probleme gelten»* (ebd., 47, vgl. auch 49ff.).

– Wird in den *«Projekten»* festgestellt, daß die Kinder nicht über die für die Projektarbeit notwendigen Kompetenzen verfügen, dann sollen ihnen diese in Form von *«Stützkursen»*, sogenannten *«didaktischen Schleifen»* (ebd., 47), vermittelt werden (vgl. ebd., 51f.);

– Die Umsetzung und Durchführung von *«situativen Anlässen»*, *«Projekten»* und *«didaktischen Schleifen»* ist unlösbar mit einer permanenten *«Diskussion»* zwischen Kindern und Erziehern verbunden (ebd., 48f.).

Darüber hinaus betont ZIMMER, daß ein (vorschulisches) Curriculum wegen der Situativität und Spontanität der Lehr- und Lernsituationen keine *«starre Sequenz didaktischer Einheiten»* sein kann. Es kann lediglich *«projektorientierte Strategien und entsprechende Medien und Materialien bereitstellen»* und den Erziehern Anregungen vermitteln, *«bei jeweiligen Situationsanlässen Angebote zu unterbreiten»* (ebd., 54).

Es wird deutlich, daß ZIMMER in Hinblick auf Fragen der Ausgestaltung der didaktischen Einheiten primär methodische Überlegungen anstellt, während genauere Kriterien zur Auswahl und Strukturierung von Inhalten nicht genannt werden. Zu diesem Aspekt können somit aus ZIMMERs Ansatz keine weiterführenden Hilfestellungen für das vorliegende Projekt entnommen werden.

Zusammengefaßt sollen bei der Erstellung des offenen, fächerintegrativen Curriculums im wesentlichen jene theoretischen Vorstellungen von ZIMMER berücksichtigt werden, nach denen das Curriculum

– in didaktische Einheiten zu gliedern ist, die Bezug auf die reale – nicht idealtypische –, als veränderbar zu betrachtende Ausbildungssituation nehmen und

– in diesem Kontext auf instrumentelle sowie emanzipatorische Qualifikationen ausgerichtet sind.

2.3.3 Der mehrperspektivische Ansatz von GIEL, HILLER und KRÄMER

Mit ihrer Theorie des «*Mehrperspektivischen Unterrichts*» (MPU) gehen GIEL, HILLER und KRÄMER (1974) ebenfalls von der Lebens- bzw. «*Alltagswirklichkeit*» (GIEL 1974, 56) aus. Ihr Ansatz setzt sich aus folgenden grundlegenden Annahmen zusammen: Unterricht ist mit dem Ziel anzulegen, «*Kinder und Jugendliche **fähig zu machen**, daß sie zunehmend kritischer, weitsichtiger, gescheiter, risikobewußter, kalkulierter und humorvoller in der Wirklichkeit, in die sie verstrickt sind, **handeln können**»* (GIEL u. a. 1974, 12).
Da es keine direkt erlernbare «*allgemeine Handlungsfähigkeit*» (ebd.) gibt, sondern Handlungsfähigkeit «*an Bereichen orientierte und in Bereiche integrierte Handlungsfähigkeit*» (ebd., 13) ist, sollen für den Unterricht «*gesellschaftlich typische Handlungsfelder*» (ebd.) rekonstruiert werden. Die unterrichtliche Rekonstruktion von Wirklichkeitsausschnitten soll primär an der «*Erzeugung von vielperspektivischer Handlungsfähigkeit*» (ebd., 14) der Kinder ausgerichtet sein. Das heißt, im Curriculum sind Materialien und Unterrichtsarrangements zu entwickeln, die «*an Modellen das zum Vorschein... bringen, was für Kinder... unverständlich bleibt und damit das Aufkommen von Handlungsfähigkeit verhindert*» (ebd). Dabei wird nicht beansprucht, Wirklichkeit abzubilden, sondern sie so verständlich und durchsichtig zu machen, daß sie «*als Produkt, das aufgrund von Kompromissen zwischen bestimmten Interessen zustande gebracht worden ist*» (ebd., 22), erfahren und gleichzeitig als veränderbar erkannt wird.

Durch seine Konzentration auf Handlungsfelder und Institutionen der gesamten gesellschaftlichen Realität ist der curriculumtheoretische Ansatz von GIEL, HILLER und KRÄMER hinsichtlich einer Umsetzung in den beruflichen Bereich schwer anwendbar: Wie soll ein curriculares Raster, das nach «*sozio-politischen, anthropologischen Funktionen* (und) *Diskussionsebenen*» wie z. B. «*Wohnen, Erziehung, Produktion, Freizeit, Handel und Gewerbe, Feier*» Handlungsfelder wie beispielsweise *«Kinderzimmer, Schule, Sprudelfabrik, Spielhaus, Supermarkt, Geburtstag»* (KRÄMER 1974, 97) herauskristallisiert, auf die mit ganz anderen Problemen und Fragestellungen behaftete Ausbildungs- und Berufswirklichkeit von Krankenpflege- schülerInnen übertragen werden? Das heißt, die Kriterien zur Aus- wahl und Strukturierung von Inhalten, die bei diesem auf den schuli- schen Primarbereich bzw. Sachunterricht bezogenen Curriculum ver- wendet wurden, können für das vorliegende Projekt nur in prinzipieller Hinsicht genutzt werden. Dabei ist folgendes zu beach- ten: Wollte man die Ausrichtung auf die gesellschaftliche Alltagswirk- lichkeit für das vorliegende Projekt auf die alltägliche Berufswirklich- keit übertragen, käme man vermutlich bei der Aufschlüsselung nach Handlungsfeldern zu einem ähnlichen Ergebnis, wie es sich in An- lehnung an ZIMMER bei der Ermittlung beruflicher Situationen (vgl. oben, S. 93) herauskristallisieren würde. Somit erscheinen allein zwei Aspekte interessant, die über die in Zusammenhang mit ROBINSOHN und ZIMMER dargestellten Überlegungen hinaus- gehen:

– Das Besondere des mehrperspektivischen Ansatzes liegt, wie der Name bereits andeutet, in den unterschiedlichen *«Zugriffsweisen auf Realität»* (ebd., 108), den sogenannten *«Rekonstruktionsarten»* (ebd.). Demnach soll ein Thema aus der *«scientischen, politischen, erlebnishaften und szenischen»* (ebd., 109) Perspektive bearbeitet werden. Wenn nach GIEL, HILLER und KRÄMER das Curricu- lum im wesentlichen darauf angelegt sein soll, die mehrperspektivi- sche Rekonstruktion der Wirklichkeit in Form von Materialien und Medien (z. B. Diagramme, Pläne, Skizzen, Dias, Filme, Gedichte, Textmontagen, Tonkonserven, Statistiken etc.; vgl. ebd.) umzuset- zen, so schließt das nicht aus, daß Mehrperspektivität auch durch die Zusammenstellung verschiedener inhaltlicher Aspekte heraus- gearbeitet werden kann. In diesem Sinne erscheint es in Anlehnung an NESTLE (1983) denkbar, ein Thema nach verschiedenen fach- wissenschaftlichen bzw. fachlichen Gesichtspunkten aufzuschlüs- seln und innerhalb dieser Fachperspektiven wiederum gesellschaft- liche, soziale und individuelle Aspekte aufzugreifen (vgl. ebd., 111). Dies entspricht in Grundzügen den bereits im Zusammenhang mit dcm fächerintegrativen Prinzip angeführten Vorstellungen (vgl. oben, S. 87f.), würde darüber hinaus jedoch bedeuten, die fächerintegrativen Einheiten so zu gestalten, daß sie Lehrende und Lernende zur gesellschaftlichen, sozialen und individuellen Be- trachtung eines Themas anregen.

– Die Teilnahme an der Alltagswirklichkeit geht nach GIEL (in Anlehnung an BERGER/LUCKMANN 1969) mit dem Agieren des Menschen *«in völlig verschiedenen Rollen»* (ebd., 56) einher, die von den jeweiligen Handlungsfeldern abhängig sind. Die von GIEL anschließend vorgenommene Argumentationskette, nach der menschliche *«Besorgungen»* wie beispielsweise *«Einkaufen, Tanken, Aufräumen»* als *«Universalschlüssel»* zu betrachten sind, durch den *«uns die gesellschaftliche Wirklichkeit in der Form von Handlungsfeldern zugeführt»* wird (ebd., 57), und nach der diese *«Besorgungen»* die Grundlage für das mehrperspektivische Curriculumkonzept darstellen (vgl. ebd., 58), erscheint relativ aussageschwach. Interessant hingegen ist der Versuch GIELs, den Begriff der Rolle in seine curriculumtheoretischen Überlegungen zu integrieren. Für das vorliegende Projekt ergibt sich daraus die Anregung, der Frage nachzugehen, ob es möglich ist, curriculare Elemente zu entwickeln, die sich inhaltlich an der Rolle der KrankenpflegeschülerInnen ausrichten.

2.3.4 Curriculare Strukturierungs- und Entscheidungshilfen aus der allgemeinen Didaktik

Wenn aufgrund der bisherigen curriculumtheoretischen Reflexion bereits übergreifende Anhaltspunkte gefunden wurden, nach denen das Curriculum an der instrumentellen und emanzipatorischen Qualifizierung der Auszubildenden, an für sie typischen Berufs- und Ausbildungssituationen und der mehrperspektivischen Betrachtung dieser Situationen ausgerichtet bzw. strukturiert sein soll, dann bleibt immer noch ungeklärt, nach welchen Kriterien konkretere Ziel- und Inhaltsentscheidungen bzw. Strukturierungsmaßnahmen getroffen werden können. Diesbezüglich soll nun ein weiterer, letzter Schritt unternommen werden, der sich als gezielte – nur auf die genannte Fragestellung bezogene – Analyse didaktischer Theorien bezieht. Somit dürfen die folgenden Ausführungen keinesfalls mit einer umfassenden didaktischen Auseinandersetzung gleichgesetzt werden, da sie sich nur auf Ziel- und Inhaltsaspekte konzentrieren und diese wiederum nur dann berücksichtigen, wenn sie im Sinne übergreifender Planung zu verwenden sind, das heißt von der konkreten Unterrichtsvorbereitung zu einer bestimmten Unterrichtsstunde bei einer ausgewählten Klasse abstrahiert werden können.

Gemäß der genannten Fragestellung wurde eine Durchsicht der Aufsatzreihe «Didaktisches Forum» (Westermanns Pädagogische Beiträge 1980, Hefte 1–6) vorgenommen, in der die aktuellen Versionen der «bildungstheoretischen Didaktik» von KLAFKI (Heft 1), der «lerntheoretischen Didaktik» von SCHULZ (Heft 2), der «kybernetisch-informationstheoretischen Didaktik» von v. CUBE (Heft 3), der «curricularen Didaktik oder dem lernzielorientierten Ansatz» von MÖLLER (Heft 4) und die «kritisch-kommunikative Didaktik» von WINKEL (Heft 5) sowie eine «Abschlußdiskussion» der genannten Vertreter (Heft 6) veröffentlicht wurden.

Das Ergebnis dieser Durchsicht war, daß im Zusammenhang mit den zugrundeliegenden curriculumtheoretischen Entscheidungen und Überlegungen, wesentliche Hilfestellungen nur bei der Didaktik von KLAFKI gefunden werden konnten, ergänzt durch punktuelle Anregungen bei SCHULZ und MÖLLER.

Ausgehend von KLAFKI, erweitert um Aspekte der beruflichen Ausbildung, erscheint es denkbar, Ziele und Inhalte im Curriculum bzw. für die curricularen Einheiten anhand folgender Fragestellungen zu ermitteln:

– Haben die auszuwählenden Ziele und Inhalte eine «Gegenwartsbedeutung» (KLAFKI 1980, 33) für die Lernenden? Setzen sie bei den Erfahrungen, Erlebnissen, Interessen und Problemen, die die SchülerInnen in ihrer gegenwärtigen Ausbildungssituation machen, an?

– Könnten die auszuwählenden Ziele und Inhalte eine «Zukunftsbedeutung» (ebd., 34) für die Lernenden haben? Könnten sie dazu beitragen, daß die Lernenden in ihrer zukünftigen Berufstätigkeit anhand von Kenntnissen, Fähigkeiten, Fertigkeiten oder Einsichten und Wertvorstellungen handeln, denen im gegenwärtigen Berufsalltag noch relativ wenig Bedeutung zukommt?

– Inwieweit lassen sich Inhalte wegen ihrer «exemplarischen Bedeutung» (ebd., 34) für eine übergreifende Zielsetzung in das Curriculum aufnehmen?

– «Unter welchen Perspektiven» (ebd., 35) soll ein bereits ausgewähltes Thema bzw. eine ausgewählte curriculare Einheit bearbeitet werden? Welche Inhalte erscheinen zur Verdeutlichung dieser Perspektive geeignet?

Darüber hinaus führte die Auseinandersetzung mit der «lerntheoretischen Didaktik» von SCHULZ nochmals zur Akzentuierung jener Überlegungen, die bereits im Zusammenhang mit der offenen Gestaltung des Curriculums angeführt wurden (vgl. oben, S. 81 f.): Die Entwicklung der curricularen Einheiten soll nicht im Sinne einer geschlossenen Konstruierung sachbezogener Inhaltsangaben erfolgen, sondern Freiräume und Anregungen zur Verwirklichung von Lernprozessen mit *«Gefühlserfahrung»* und *«Sozialerfahrung»* (SCHULZ 1980, 83) enthalten.

Die Durchsicht der «lernzielorientierten Didaktik» von MÖLLER, die wegen ihrer Ausrichtung auf Operationalisierung und Hierarchisierung von Lernzielen ohne weitere Bedeutung für das vorliegende Projekt ist (vgl. oben, S. 78 ff.), ergab jedoch in einem Punkt eine Anregung: Hinsichtlich der Frage nach der *Ordnung von Lernzielen»* (MÖLLER 1980, 166) bezieht sich MÖLLER unter anderem auf die *«Taxonomie von Lernzielen im kognitiven Bereich»* von BLOOM u. a. (1956). Ohne diese Taxonomie in der von BLOOM u. a. intendierten und von MÖLLER genutzten Ordnungs- und Lernzielhierarchisierungsfunktion anwenden zu wollen, könnte die Berücksichtigung komplexerer geistiger Fähigkeiten wie *«Verstehen»* (BLOOM u. a. 1976, 98 ff.), «Anwendung» (ebd., 130 ff.) von Wissen und Verständnis, *Analysieren»* (ebd., 156 ff.) und *«Synthetisieren»* (ebd., 174 ff.) folgende Bedeutung bei der Gestaltung der curricularen Einheiten einnehmen: Unter der Annahme, daß Unterricht nicht allein als Faktenvermittlung auf der Ebene des Erwerbs von *«Wissen»* (ebd., 71 ff.) stattfinden, sondern Möglichkeiten bieten sollte, Wissen zu verstehen und z. B. anhand von praktischen Übungen anzuwenden, exemplarische Fallbeispiele oder erlebte Situationen zu analysieren oder/und Problemsituationen auf alternative, innovative Handlungsmöglichkeiten zu überprüfen, stellt sich der hiermit einhergehende zeitliche Aufwand als Regulativ hinsichtlich der Auswahl möglichst vieler inhaltlicher Details dar (vgl. auch MESSNER 1970, 776). In diesem Sinne wäre die Ausrichtung an den von BlOOM u. a. formulierten kognitiven Fähigkeiten eine konkretere Orientierungshilfe bei der Reduktion von Unterrichtsstoff bzw. Inhalten, als es allein aus den Überlegungen zum «exemplarischen Lernen» hervorgeht (vgl. oben, S. 87 f.).

2.4 Methodologische Grundannahmen und Verfahrensschwerpunkte bei der Entwicklung des offenen, fächerintegrativen Curriculums

Da aus den Ausführungen zur «praxisnahen Curriculumentwicklung» nicht hervorgeht, unter welchen methodologischen Grundannahmen und in welcher Form sie vorgenommen werden soll, wird dieser Frage im folgenden nachgegangen. Entsprechend gliedern sich die Ausführungen in die Darstellung

1. der methodologischen Annahmen in Anlehnung an den Ansatz der *«Handlungsforschung im Schulfeld»* von KLAFKI (1975) und

2. eines durch den DEUTSCHEN BILDUNGSRAT (1974) angeregten curricularen Entwicklungsverfahrens einschließlich projektbezogener methodischer Vorstellungen.

1. Der Ansatz bei der von KLAFKI ausformulierten *«Handlungsforschung»* bietet sich für das vorliegende Projekt aus dreierlei Gründen an: erstens, weil er bereits als Forschungsansatz bei praxisnaher Curriculumentwicklung – dem *«Marburger Grundschulprojekt»* (vgl. KLAFKI 1975, 74 ff.; 1976, 117 ff.) – angewendet wurde; zweitens, weil er *«Aspekte kritisch-konstruktiver Erziehungswissenschaft»* (KLAFKI 1976) beinhaltet, und drittens, weil kein anderer Ansatz vorzufinden ist, der sich annähernd mit der Begründung praxisnaher Curriculumentwicklung vereinbaren läßt (vgl. DEUTSCHER BILDUNGSRAT 1974, A34). Somit sollen im folgenden die für das vorliegende Projekt maßgeblichen methodologischen Charakteristika der erziehungswissenschaftlich ausgerichteten *«Handlungsforschung»* nach KLAFKI skizziert werden:

– *«Handlungsforschung als komplexer Lernprozeß»* (KLAFKI 1975, 74 ff.): Mit diesem Merkmal ist zunächst die Vorstellung verbunden, daß das Forschungsvorhaben einen Lernprozeß darstellt – und zwar einen Lernprozeß für alle Beteiligten: Forscher, Lehrer, Schüler, Eltern. Aufgrund des gemeinsamen Lernens sind Veränderungsprozesse zu erwarten. Diese betreffen sowohl die Praxis als auch die Forschung, welche die Bereitschaft aufzeigen muß, *«ihre anfänglichen Fragestellungen und Hypothesen gegebenenfalls neu zu fassen oder zu modifizieren oder gar aufzugeben, und zwar eventuell mehrfach im Laufe eines Projekts»* (ebd., 74).

100

- *«Das spezifische Verhältnis zwischen ‹Forschern› und ‹pädagogischen Praktikern»»* (ebd., 77 ff.): Gemäß dem *«gesellschaftskritisch-demokratische(n) Erkenntnis- und Handlungsinteresse»* (ebd., 78) sind die Prakiker nicht primär als *«Untersuchungsobjekte»* zu betrachten, sondern *«als prinzipiell gleichberechtigte Partner in einem Entscheidungs- und Erprobungsprozeß, der von allen Beteiligten gemeinsam getragen und letztlich gemeinsam verantwortet werden muß»* (ebd., 79). Das bedeutet, daß die Praktiker im Gegensatz zur klassischen empirischen Forschung über Fragestellungen, erste Teilergebnisse und Verfahren der Forschung aufgeklärt werden und letztere nicht gegen ihren Willen eingesetzt werden, daß ihnen gegenüber keine Forschungsgeheimnisse bestehen und Entscheidungen mit ihnen gemeinsam getroffen werden. Die Aufklärung der Praktiker erscheint auch deshalb erforderlich, weil durch sie Sinn und Zusammenhänge des Forschungsvorhabens verdeutlicht und somit eine wichtige Grundlage für dessen Umsetzung geschaffen werden kann.

- *«Pragmatisch-flexible Aufgabendifferenzierung»* (ebd., 82 ff.): Gleichberechtigte Partizipation aller soll nicht bedeuten, daß alle das Gleiche tun. Das läßt sich zum einen daraus ableiten, daß für eine fruchtbare Theorie-Praxis-Auseinandersetzung eine *«Distanz zum Unterrichtsgeschehen»* (ebd., 84) seitens der Forschung, eine Loslösung aus dem unmittelbaren Handlungs- und Entscheidungsdruck praktischen pädagogischen Handelns sinnvoll erscheint. Zum anderen legen unterschiedlich ausgeprägte Qualifikationen und Zeitressourcen eine Aufgabenunterteilung nahe. Für das vorliegende Projekt könnte dies bedeuten, daß beispielsweise die Erstellung und Auswertung von Fragebögen, die schriftliche Fixierung curricularer Einheiten sowie die Initiierung und Leitung von Besprechungen und Gesprächen in die Hände der Verfasserin fallen.

- *«Der komplexe und dynamische Charakter des Innovations- und Forschungsfeldes»* (ebd., 86 ff.): Handlungsforschung ist nicht wie klassische empirische Forschung darauf angelegt, die Wirkung einer Variablen unter Aus- oder Gleichschaltung intervenierender Einflußfaktoren zu ermitteln. Dennoch muß sie, bei gleichzeitiger Anerkennung der komplexen Wirkungszusammenhänge des pädagogischen Feldes, Komplexität reduzieren, um nicht unüberschaubar zu werden und alle Beteiligten zu überfordern. Das heißt, es muß eine Prioritätensetzung vorgenommen werden, was im vorliegenden Projekt der Entscheidung entspricht, sich bei der Curriculumerstellung auf Ziele und Inhalte zu konzentrieren.

- *«Schrittweise Präzisierung und Modifizierung des Innovationskonzepts und der Forschungshypothesen»* (ebd. 88ff.): Aus dem demokratischen Postulat und der Annahme, daß pädagogische Leitziele nicht logisch zu deduzieren sind, sondern in der Auseinandersetzung mit den Beteiligten, ihren Fachkompetenzen, Werten und Normen zu konkretisieren sind, ergibt sich, daß Handlungsforschung mit der schrittweisen Präzisierung des Konzepts – hier also des Curriculums – einhergeht. Das bedeutet, daß sich bestimmte Fragestellungen erst im Laufe des Projekts ergeben können und daß sich anfänglich formulierte Annahmen innerhalb des curricularen Entwicklungsprozesses wandeln können bzw. sollen.

2. Wenn auch KLAFKI in seinen Ausführungen einige Beispiele zur Umsetzung der Handlungsforschung im curricularen Entwicklungsprozeß gibt (vgl. ebd., 75ff., 90f.), so mangelt es dennoch an einer konkreten Verfahrenshilfe. Diesbezüglich sind Anregungen in den *«Empfehlungen der Bildungskommission zur Förderung praxisnaher Curriculum-Entwicklung»* (DEUTSCHER BILDUNGSRAT 1974, A33ff.) zu finden. Die dort dargestellten *«Schwerpunkte im Entwicklungsverlauf»* (ebd., A36ff.) sollen die Grundlage bilden, von der aus methodische Überlegungen zur Planung des vorliegenden Projekts vorgenommen werden:

- Erster Schwerpunkt: *«Entdeckung, Rechtfertigung und Beschreibung von didaktischen Intentionen»* (ebd., A36). Als Quellen der Ermittlung didaktischer Intentionen sollen einerseits alle im 1. Kapitel herausgearbeiteten, diesbezüglich relevanten Aspekte dienen. Andererseits sollen in Form einer offenen, mündlichen Befragung die Ausbildungsvorstellungen aller an der Krankenpflegeschule lehrenden Unterrichtsschwestern und -pfleger erfaßt und schriftlich fixiert werden. Aus diesen Informationen soll von der Verfasserin ein übergreifendes curriculares Zielgefüge erarbeitet werden, das den Lehrenden anschließend in einem oder mehreren Kolloquien zur Diskussion vorgelegt wird. Ziel dieser Diskussion soll es sein, einen Minimalkonsens hinsichtlich übergreifender Zielsetzungen für das Curiculum zu finden, welche dann von der Verfasserin schriftlich niedergelegt werden sollen.

– Zweiter Schwerpunkt: *«Entwurf und Gliederung eines didaktischen Handlungsgefüges»* (ebd.). In Auseinandersetzung mit den curriculumtheoretischen Annahmen der Verfasserin und den Ausbildungsvorstellungen einiger vom KollegInnenteam auszuwählender Lehrkräfte soll zunächst ein übergreifendes Raster erarbeitet werden, das als Grobrahmen für die Entwicklung der einzelnen curricularen Einheiten fungieren soll. Dieses Konzept soll allen Unterrichtsschwestern und -pflegern schriftlich vorgelegt und in weiteren Kolloquien beschlossen werden, es in dieser oder in veränderter Form zu akzeptieren.
Das Raster soll der Veränderung im Rahmen des Entwicklungsprozesses offenstehen. Über derartige Veränderungsmaßnahmen ist in kontinuierlichen Besprechungen mit allen Unterrichtsschwestern und -pflegern zu entscheiden.

– Dritter Schwerpunkt: *«Ausarbeitung und Erprobung von didaktischen Entwürfen unter unterschiedlich praxisnahen Bedingungen»* (ebd.). Wie bereits angeführt, erlauben es die personellen und zeitlichen Ressourcen des Projekts nicht, das Curriculum unter «unterschiedlichen» praxisnahen Bedingungen, das heißt an verschiedenen Krankenpflegeschulen, zu erproben. Hingegen ist eine Ausarbeitung der curricularen Einheiten durch permanente Erprobung in *«alltäglichen Unterrichtssituationen»* (ebd.) gesichert. Der Prozeß der konkreten Ausgestaltung der Einheiten wird folgendermaßen geplant: Zunächst soll jede Einheit durch gezielte Gespräche zwischen Verfasserin und betroffenen Fachlehrkräften inhaltlich festgelegt werden. Dabei sollen die Ideen und Vorstellungen der Lehrenden mit den zugrundeliegenden curriculumtheoretischen Auswahlkriterien und den Vorgaben des anfänglich erstellten Rasters konfrontiert werden, *«damit nicht zufällige Traditionen und Vorlieben unbesehen durchschlagen»* (ebd., A40). Die von der Verfasserin schriftlich ausformulierten Einheiten sollen dann aufgrund ihrer Erprobung im Unterricht, der Rückmeldung von Lehrenden und Lernenden sowie neuerer Erkenntnisse, die während des Entwicklungsverlaufs oder durch weitere Literaturstudien gewonnen wurden, der kontinuierlichen Überarbeitung unterzogen werden. Dabei soll die Erprobung der Einheiten im Unterricht durch punktuelle Hospitationen seitens der Verfasserin beobachtet werden. Rückmeldungen der Lernenden sollen in mündlichen Auswertungsgesprächen und schriftlichen, geschlossenen Fragebögen erfaßt und als schriftlich fixierte Aussagen von der Verfasserin in Besprechungen der Unterrichts-

schwestern und -pflegern zur Reflexion und Diskussion einge-
bracht werden.

– Vierter Schwerpunkt: *«Verbreitung und Übersetzung in alltägliche
   Unterrichtssituationen»* (ebd.). Wie bereits angeführt, stellt die
   «Übersetzung in alltägliche Unterrichtsituationen» die Grundlage
   der Erprobung und Überarbeitung der curricularen Einheiten im
   vorliegenden Projekt dar. Der Aspekt der *«Verbreitung»* kann im
   Rahmen der gegebenen Kapazitäten nicht berücksichtigt werden.
   Das Projekt soll mit einem Kolloquium enden, in dem Lehrende
   und Verfasserin über die endgültige Gestaltung des für die gesamte
   dreijährige Ausbildung erprobten Curriculums entscheiden.

2.5 Zusammenfassung: Didaktische und curriculumtheoretische Grundannahmen zur Entwicklung und Konstruktion des offenen, fächerintegrativen Curriculums für die theoretische Krankenpflegeausbildung

Die zentralen Annahmen des vorliegenden Projekts lassen sich in
ihrem didaktisch-curriculumtheoretischen Begründungszusammenhang folgendermaßen charakterisieren:

– Die **Entwicklung des Curriculums in praxisnaher Form,** das heißt in
   direkter Anbindung an eine Krankenpflegeschule, geht mit der
   Vorstellung einher, daß die hiermit verbundene *«dynamische Wechselbeziehung»* (KLAFKI 1977, 715) zwischen Theorie und Praxis
   Curriculumentwicklung und -umsetzung positiv beeinflußt. Darüber hinaus soll durch die Zusammenarbeit mit den Betroffenen
   dem Anspruch Rechnung getragen werden, daß diejenigen, die
   curriculare Entscheidungen umsetzen sollen, gleichfalls an deren
   Zustandekommen beteiligt sein müssen. Beide Annahmen werden
   gestützt durch Erfahrungen mit lehrerunabhängig entwickelten
   Curricula, welche in der Praxis eher zu Kritik, Ablehnung und
   Unsicherheit der Lehrenden führten als zu ihrer Realisierung. Das
   Argument, daß allein durch wissenschaftliche Verfahren bzw. Beteiligung von wissenschaftlichen Experten die Rationalität, Objek-
   tivität und Begründbarkeit eines Curriculums gesichert wird, wird
   als nicht zutreffend betrachtet, da auch hier von subjektiven und

interessengeleiteten Entscheidungen auszugehen ist. Es steht somit einer praxisnahen Curriculumentwicklung nicht entgegen.

– Die Erstellung des Curriculums in Form einer **offenen Konstruktion** geht mit der Annahme einher, daß Ausbildungsprozesse, die auf Selbst- und Mitbestimmung, Solidarität, Emanzipation und Mündigkeit des Menschen abzielen und den SchülerInnen Raum zu Diskussion, Argumentation, (Selbst-)Kritik und Reflexion lassen, nicht bis ins Detail vorgeplant werden können. Dabei wird eine offene und gleichfalls strukturierte Gestaltung des Curriculums angestrebt: es soll einerseits so offen sein, daß es Freiräume für einen situativen, «schülerorientierten» Unterricht läßt. Andererseits soll es Lehrenden und Lernenden eine aussagekräftige, gegliederte Orientierungshilfe bieten, die es ihnen erleichtert, Unterricht im Sinne der an ihn gestellten Qualifizierungserwartungen zu planen und durchzuführen. Darüber hinaus soll auf die Verwendung operationalisierter Lernziele verzichtet werden. Ein geschlossenes System hierarchisierter und präzisierter Lernziele wird unter anderem deshalb abgelehnt, weil es Unterricht allein auf die Erzeugung eines erwünschten Endverhaltens bei den Lernenden reduziert, kaum Hilfen zur Unterrichtsgestaltung bietet sowie Gesichtspunkte situativer und kommunikativer Handlungsfähigkeit außer acht läßt.

– Die Entscheidung für eine **fächerintegrative Gestaltung** des Curriculums gründet sich zunächst auf der Kritik, die innerhalb der Curriculumdiskussion an disziplinorientierten Curricula formuliert wurde: Ihnen wird angelastet, daß sie als geschlossene, mit vielen Einzelaspekten angehäufte Lehrgebäude die Realität, Fragen und Probleme der SchülerInnen aus dem Blickfeld verloren haben und passive, reproduzierende Lernprozesse begünstigen. Alternativ hierzu soll das Curriculum von der analytischen und perspektivischen Bearbeitung typischer Ausbildungs- und Berufsprobleme der Lernenden ausgehen, welche nur umfassend in fächerintegrativer Form zu leisten ist. Gleichzeitig ist damit die Vorstellung verbunden, durch den Verzicht auf die systematische Einzeldarstellung der jeweiligen Fachdisziplinen Stoffülle zu reduzieren und *«exemplarisches Lehren und Lernen»* (KLAFKI 1985, 87) zu begünstigen.

– Die **Auswahl und Strukturierung von Zielen und Inhalten** soll an ausgewählte Aspekte dreier verschiedener Curriculumtheorien angelehnt werden: Ausgehend von der Lebenssituation (ROBIN-

SOHN 1967; ZIMMER 1973; GIEL, HILLER, KRÄMER 1974) –
hier umdefiniert in Ausbildungs- und Berufssituation – der Lernenden, soll das Curriculum zum einen Lerneinheiten beinhalten, die
primär auf den Erwerb instrumenteller Qualifikationen (ROBIN-
SOHN 1967) abzielen. Zum anderen soll es Einheiten umfassen,
die in Form der Bearbeitung komplexer, alltäglicher Ausbildungs-
und Berufssituationen darauf abzielen, selbstbestimmte Handlungsfähigkeit zu fördern (ZIMMER 1973). Insgesamt sollen die
Lerneinheiten nach dem Prinzip angelegt werden, Lernprozesse
aus mehreren Perspektiven zu ermöglichen, wobei dies sowohl aus
verschiedenen fach(wissenschaft)lichen als auch gesellschaftlichen,
sozialen und individuellen Aspekten geschehen kann (GIEL, HIL-
LER, KRÄMER 1974). Darüber hinaus ist zu überprüfen, inwieweit das Verständnis von der Rolle der/des Krankenpflegeschüle-
rin/s eine Hilfe zur Strukturierung einzelner Lerneinheiten bieten
kann (GIEL 1974). Bezüglich der konkreten Ermittlung curricularer Ziele und Inhalte wird den von KLAFKI formulierten didaktischen Fragen nach der *«Gegenwarts-, Zukunfts- und exemplarischen Bedeutung sowie Perspektivität»* (KLAFKI 1980) eines möglichen Themas wesentliche Bedeutung zugemessen.

– **Methodologisch** orientiert sich die Entwicklung des Curriculums an
zentralen Annahmen der von KLAFKI (1975) bearbeiteten *«Handlungsforschung im Schulfeld»*: Es versteht sich somit als Projekt, in
dem Annahmen und Fragestellungen nicht von vornherein endgül-
tig feststehen, sondern prozeßhaft entwickelt, präzisiert und verändert werden, in dem die beteiligten Praktiker informiert werden
sowie Verlauf und grundlegende Entscheidungen mitbestimmen
und -verantworten und in dem Aufgaben unterschiedlich verteilt
werden. Das **Verfahren der Curriculumentwicklung** gliedert sich –
in Anlehnung an den DEUTSCHEN BILDUNGSRAT (1974) – in
vier Schwerpunkte, nach denen zunächst ein übergreifendes Zielgefüge ermittelt und anschließend ein grobes Orientierungsraster
erstellt werden soll, um dann einzelne Lerneinheiten auszuarbei-
ten, unter alltäglichen Unterrichtsbedingungen zu erproben und
gegebenenfalls zu überarbeiten sowie abschließend über die endgültige Gestaltung des Curriculums zu entscheiden.

3. Konzeptionelle Entwicklung des offenen, fächerintegrativen Curriculums für die theoretische Krankenpflegeausbildung

Das offene, fächerintegrative Curriculum, wie es in Teil II vorliegt, ist das Ergebnis eines fast vierjährigen, praxisverbundenen Entwicklungsprozesses. An diesem Prozeß waren neben der Verfasserin in der Regel zehn Unterrichtsschwestern und -pfleger, ca. fünfzig FachdozentInnen sowie fünfzig KrankenpflegeschülerInnen einer Krankenpflegeschule beteiligt. Letztere stellten die beiden parallellaufenden Modellkurse dar, mit bzw. bei denen das Curriculum während ihrer dreijährigen Ausbildungszeit erstellt und erprobt wurde.

Im folgenden sollen nun die inhaltlich-strukturellen Charakteristika des Curriculums im Zusammenhang mit den sie bestimmenden Entwicklungs- und Entscheidungsschritten dargelegt werden. Dabei lassen sich drei grundlegende Schwerpunkte nennen:

– übergreifendes Zielgefüge des Curriculums (vgl. Kap. 3.1),
– Grobstrukturierung des Curriculums nach Lernbereichen (vgl. Kap. 3.2),
– Aufschlüsselung der Lernbereiche in fächerintegrative Lerneinheiten (vgl. Kap. 3.3).

3.1 Übergreifendes Zielgefüge des Curriculums

Eine erste wichtige Zielvorgabe für alle curricularen Entscheidungen stellte das im Krankenpflegegesetz von 1985 formulierte Ausbildungsziel (vgl. oben, S. 15 f.) dar. Diesem sahen sich alle an der Curriculumentwicklung Beteiligten verpflichtet.

Darüber hinaus erschien es jedoch erforderlich, ein konkreteres Zielgefüge zu ermitteln, in dem sich die besonderen Ausbildungsvorstellungen und Schwerpunktsetzungen der an der Curriculumentwicklung Beteiligten ausdrückten und das als gemeinsam erarbeiteter Ausgangs- und Bezugspunkt Rückhalt für die weitere curriculare Arbeit bot.

Da es nicht möglich war, alle von der Curriculumentwicklung Betroffenen nach ihren Ausbildungsvorstellungen zu befragen, konzentrierte sich die Zielanalyse

1. auf Aussagen der Unterrichtsschwestern und -pfleger (USUP),

2. auf die theoretischen Vorarbeiten der Verfasserin.

1. Konkrete Angaben über Ausbildungsziele der Krankenpflegeschule lagen zu Projektbeginn nicht vor.

Ein erster Schritt ihrer Erfassung bestand darin, in mehreren Diskussionen zwischen USUP und Verfasserin Zielsetzungen für die praktische Ausbildung zu formulieren. Diese sollen hier nicht weiter aufgeführt werden, es soll jedoch darauf hingewiesen werden, daß sie aufgrund des in ihnen enthaltenen Überblicks über typische praktische Tätigkeiten als Informationsquelle für die später folgende Erstellung praxisbezogener Lerneinheiten genutzt werden konnten (vgl. unten, S. 120).

Der zweite, für die curriculare Zielsetzung maßgebliche Schritt bestand in einer mündlichen Erhebung, in der die Unterrichtsschwestern und -pfleger jeweils einzeln mit der Frage konfrontiert wurden: «Über welche Qualifikationen sollte ein/e Krankenpflegeschüler/in am Ende seiner/ihrer Ausbildung verfügen?».

Die schriftlich fixierten Antworten wurden von der Verfasserin nach fünf übergreifenden Gesichtspunkten zusammengefaßt und lassen sich nach der Häufigkeit der Nennungen folgendermaßen gewichten:

– Am häufigsten (75 Nennungen) wurden Angaben gemacht, die die Befähigung der/des Auszubildenden zur **ganzheitlichen, individuellen Pflege** des Patienten betonen. Danach sollen die SchülerInnen in der Ausbildung beispielsweise lernen, Pflegetechniken individuell und situativ unterschiedlich anzuwenden, auf Bedürfnisse, Wünsche und Ängste des Patienten einzugehen, den Patienten in seiner psychischen und physischen Betroffenheit einzuschätzen, ihn zu informieren, zu beraten, anzuleiten und ihm bei der Lösung von Problemen behilflich zu sein.

108

– Fast genauso häufig (68 Nennungen) erfolgten Antworten, die auf die Qualifizierung des/der Auszubildenden zur **sachgemäßen Pflege** ausgerichtet waren: Die SchülerInnen sollen am Ende der Ausbildung alle wesentlichen Pflegemethoden und -techniken kennen, sie bewerten sowie begründet und sachgemäß durchführen können, sie sollen sicher arbeiten, Gefahrenquellen erkennen, Fehler vermeiden und im Notfall handeln können und dabei auf ein entsprechendes fachliches Wissen zurückgreifen können.

– Wesentlich seltener (31 Nennungen) erfolgten Angaben, die sich auf die Fähigkeit des/der Auszubildenden bezogen, sich in der **Arbeitsrealität** zurechtzufinden. Danach sollen die SchülerInnen in der Ausbildung insbesondere Kenntnis und Überblick über den Stationsablauf erhalten, und sie sollen lernen, schnell und ökonomisch zu arbeiten.

– In weitaus geringerem Umfang (17 Nennungen) wurden **mitarbeiterorientierte Fähigkeiten** genannt. Diese bezogen sich im wesentlichen auf den kooperativen Umgang mit MitarbeiterInnen sowie die Anleitung von SchülerInnen.

– An letzter Stelle lassen sich vereinzelte (13 Nennungen) Antworten zusammenfassen, nach denen Ausbildung auf die Entwicklung **berufspolitischen Bewußtseins und Handelns** ausgerichtet sein soll. Diesbezüglich wurde angeführt, daß die/der Auszubildende lernen soll, sich gegenüber anderen Berufsgruppen abzugrenzen sowie mit ihnen zu kooperieren und sich Berufsproblemen zu stellen und diese zu reflektieren.

Zusammengefaßt soll Ausbildung nach den Vorstellungen der befragten Unterrichtsschwestern und -pfleger somit im wesentlichen darauf abzielen, die KrankenpflegeschülerInnen mit Kenntnissen, Fertigkeiten und Fähigkeiten auszustatten, mit denen sie den Patienten individuell und ganzheitlich pflegen und ihre Verrichtungen dabei fehlerfrei und sachlich begründet ausführen können.

2. Aus dem Blickwinkel der Verfasserin erschienen insbesondere jene in der krankenpflegerischen Literatur veröffentlichten Ausbildungsvorstellungen von Interesse, die sich mit den angeführten bildungstheoretischen Prämissen (vgl. oben, S. 74 ff.) vereinbaren lassen, auf eine kompetente, reflektierte und eigenständige Berufsausübung

(vgl. oben, S. 38 ff.) abzielen und dabei die Situation und Probleme der KrankenpflegeschülerInnen (vgl. oben, S. 51 ff.) berücksichtigen. In diesem Zusammenhang kam den Ausführungen von MULKE-GEISLER (1982), die im 1. Kapitel unter der Überschrift «Ausbildung im Sinne einer personenorientierten Pflege» (vgl. oben, S. 43 f.) dargestellt sind, eine herausragende Bedeutung zu.

Arbeiten, die «Ausbildung im Sinne der patientenorientierten Pflege» thematisieren (vgl. oben, S. 38 ff., S. 62 f., S. 68 f.), betonen in wesentlichen Teilen die für die ganzheitliche, individuelle Pflege des Patienten wichtige Förderung sozialer Kompetenz bei KrankenpflegeschülerInnen (vgl. oben, S. 40). Diese Gesichtspunkte sind bereits bei der Befragung der Unterrichtsschwestern und -pfleger erfaßt worden (vgl. oben S. 108 f.). Darüber hinaus enthalten diese Arbeiten – insbesondere im Zusammenhang mit der Erörterung der Pflegeplanung – Überlegungen, die von den befragten USUP kaum angeführt wurden: Um pflegerisches Handeln aus der traditionellen, auf «Instinkt und Einfühlungsvermögen» (AGGLETON/CHALMERS 1989, 4) festgelegten Vorgehensweise loszulösen und auf begründbare und überlegte Aktivitäten auszurichten, soll Ausbildung verstärkt auf die Entwicklung intellektueller Kompetenz bei den KrankenpflegeschülerInnen abzielen (vgl. oben, S. 40). Das heißt, Ausbildung im Sinne der Pflegeplanung soll einen Schwerpunkt auf die Förderung von Fähigkeiten analytischen und synthetischen Denkens, des Problemlösens und Beurteilens legen. Dieser Aspekt sollte ebenfalls bei der curricularen Zielsetzung Bedeutung erlangen, zumal er – als «Novum» – im Ausbildungsziel des Krankenpflegegesetzes formuliert ist.

Zusammengefaßt lassen sich aus den Vorstellungen der Praktiker und den theoretischen Überlegungen vier übergreifende Zielaspekte herausstellen, die zum einen den Ausgangs- und Bezugspunkt der curricularen Entwicklungsarbeit darstellten und zum anderen, da sie während des Entwicklungsprozesses nicht grundlegend verändert wurden, die Zielsetzung des fertiggestellten Produkts charakterisieren. Somit sieht sich das vorliegende Curriculum folgenden Ausbildungsvorstellungen verpflichtet:

– Die KrankenpflegeschülerInnen sollen befähigt werden, **sachgemäße Pflege** zu praktizieren. Sie sollen Kenntnisse, Fertigkeiten und Fähigkeiten erwerben, mit denen sie typische pflegerische Techniken und Maßnahmen sachgemäß umsetzen können. Sachgemäß bezeichnet den zweckentsprechenden Einsatz von Handlungsweisen und Mitteln nach folgenden Kriterien:

- Förderung von Gesundheit und Selbständigkeit des Kranken;
- Verhinderung bzw. Verminderung von Krankheit und Leiden;
- Vermeidung zusätzlicher Belastungen des Kranken.

– Die KrankenpflegeschülerInnen sollen lernen, **patientenorientiert zu pflegen.** Sie sollen Kompetenzen erwerben, die es ihnen ermöglichen,
- die physische und psychosoziale Situation des jeweiligen Patienten zu erkennen und daraus Konsequenzen für das pflegerische Handeln abzuleiten;
- den Patienten in seinen Fähigkeiten zu fördern und in der Bewältigung seiner Probleme zu unterstützen;
- den Patienten zur Artikulierung seiner Wünsche, Bedürfnisse und Probleme zu aktivieren;
- durch Information, Beratung und Zusammenarbeit mit dem Patienten und seinen Angehörigen Hilfen für dessen/deren Situation anzubieten.

– Die KrankenpflegeschülerInnen sollen dahingehend ausgebildet werden, ihr **pflegerisches Handeln geplant** durchzuführen. Das heißt, sie sollen lernen,
- bewußt und gezielt den Pflegebedarf des Patienten zu ermitteln;
- dem erfaßten Pflegebedarf des Patienten Pflegeziele und -maßnahmen zuzuordnen;
- die Pflege entsprechend der Planung durchzuführen;
- die einzelnen Schritte zu bewerten und daraus Konsequenzen zu ziehen.

– Die KrankenpflegeschülerInnen sollen zu einer **selbstbestimmten, mündigen und solidarischen Berufsausübung** befähigt werden. In diesem Zusammenhang soll ihnen die (theoretische) Ausbildung Möglichkeiten bieten,
- sich ihrer persönlichen, sozialen und beruflichen Situation bewußt zu werden und über diese zu reflektieren;
- eigene Bedürfnisse zu erkennen, zu artikulieren und durchzusetzen und dabei die Bedürfnisse anderer Menschen zu berücksichtigen;
- berufliche Bedingungen und Probleme in ihrem institutionellen sowie geschichtlich-gesellschaftlichen Rahmen zu erkennen und auf Veränderungsmöglichkeiten zu hinterfragen;
- über Rechte und Pflichten ihrer Ausbildungs- und Berufssituation aufgeklärt zu werden.

3.2 Grobstrukturierung des Curriculums nach Lernbereichen

Da das Curriculum nicht nach den in der krankenpflegerischen Ausbildungs- und Prüfungsordnung angeführten Fächern gegliedert werden sollte, war es notwendig, einen anderen Rahmen zu entwickeln, der die Erfassung und sinnvolle Zuordnung der verschiedenen Einzelinhalte ermöglichte. Nach den curriculumtheoretischen Überlegungen sollte sich dieser Rahmen an der Ausbildungs- und Berufswirklichkeit der KrankenpflegeschülerInnen ausrichten und als mögliche Strukturierungskriterien typische Qualifikationen und/oder Situationen der Lernenden berücksichtigen.

Die Umsetzung dieser Grundannahmen bzw. die Erstellung eines konkret auf die Krankenpflegeausbildung bezogenen Grobrasters erfolgte in mehreren Schritten. Das anfänglich entwickelte Konzept wurde im Zusammenhang mit seiner konkreten Ausgestaltung und Erprobung und den dabei gewonnenen Erfahrungen und Überlegungen zweimal modifiziert. Die für das vorliegende Curriculum maßgebliche Grobstruktur ist damit das Ergebnis von zwei vorhergegangenen Strukturierungsversuchen, die sich folgendermaßen skizzieren lassen:

1. Strukturierungsversuch: Der erste Konstruktionsansatz ging von der Überlegung aus, das Curriculum in vier, den ermittelten Zielkomplexen entsprechende Lernbereiche zu gliedern. Demnach sollte sich das Curriculum zusammensetzen aus dem

– Lernbereich A: «sachgemäße Pflege»,
– Lernbereich B: «patientenorientierte Pflege»,
– Lernbereich C: «geplante Pflege»,
– Lernbereich D: «personalorientierte Pflege».

Bei dem Versuch der inhaltlichen Aufschlüsselung dieser Lernbereiche ergaben sich folgende Probleme:

Die ersten drei Lernbereiche waren gemäß der ihnen übergeordneten Zielsetzung ausschließlich auf die Vermittlung eines spezifischen pflegerischen Qualifikationsbereichs (Qualifizierung zur sachgemäßen oder patientenorientierten oder geplanten Pflege) ausgerichtet. Das heißt, daß beispielsweise alle Lerneinheiten, die für den Bereich «sachgemäße Pflege» konzipiert wurden, allein auf den Aufbau pfle-

112

getechnischer oder therapie- und diagnosebezogener Kenntnisse, Fertigkeiten und Fähigkeiten abzielen sollten.

Je mehr Lerneinheiten in diesem Sinne entwickelt wurden, desto deutlicher trat hervor, daß sie in Diskrepanz zu tatsächlichen Pflegesituationen bzw. zu den Zielvorstellungen über pflegerisches Handeln in diesen Situationen standen. Mit anderen Worten: pflegerische Aktivitäten wurden bei dieser curricularen Struktur nur noch eindimensional thematisiert und dabei um die Bearbeitung weiterer Handlungsmöglichkeiten in bestimmten Pflegesituationen reduziert. Zum Beispiel hätten in einer Lerneinheit des Lernbereichs A, die darauf ausgerichtet ist, den SchülerInnen spezielle Qualifikationen für die Pflege eines Patienten mit einer bestimmten Krankheit zu vermitteln, nur spezifische diagnostische, therapeutische und prophylaktische Pflegetechniken und -maßnahmen thematisiert werden können, während Fragen der individuellen und geplanten Betreuung des Patienten ausgeklammert geblieben wären, da diese Aspekte zu anderen Lernbereichen gehörten. Des weiteren hätten Lerneinheiten, die auf die Befähigung der SchülerInnen zur geplanten Pflege (Lernbereich C) abzielten, nur abstrakt-theoretisch behandelt werden können, da die konkreten Aspekte der zu planenden Verrichtungen und psychosozialen Betreuungsmaßnahmen in den anderen Lernbereichen erfaßt waren.

In der Folge wurde überlegt, das curriculare Grobraster so zu verändern, daß es die Entwicklung und Zuordnung von Lerneinheiten ermöglicht, die ihren Ausgang bei typischen pflegerischen Situationen nehmen und in diesem Zusammenhang Fragen der Pflegetechnik, der Patientenorientierung und der Pflegeplanung umfassen.

2. Strukturierungsversuch: Das überarbeitete Konstrukt setzte sich aus qualifikations- und situationsorientierten Lernbereichen zusammen, die bezeichnet wurden als:

- Lernbereich 1: Pflegetechniken im naturwissenschaftlichen Kontext
- Lernbereich 2: Prinzipien der Pflegeplanung
- Lernbereich 3: Grundlagen der psychosozialen Patientenbetreuung
- Lernbereich 4: Kommunikation und Interaktion
- Lernbereich 5: Pflegebedürfnisse spezieller Patientengruppen
- Lernbereich 6: Betreuung spezieller Personengruppen
- Lernbereich 7: Zur Situation des/der Krankenpflegeschülers/in bzw. Krankenpflegepersonals

Bei den Lernbereichen 1 bis 4 sollte die Ermittlung und Zuordnung von Lerninhalten primär unter dem Gliederungsaspekt verschiedener pflegerischer Qualifikationen erfolgen.

Im Lernbereich 1 sollte im wesentlichen darauf abgezielt werden, jene pflegerischen Tätigkeiten zu thematisieren, die für die alltägliche, nicht speziell krankheitsbezogene Patientenbetreuung typisch sind und mit deren Verrichtung die KrankenpflegeschülerInnen von Beginn ihrer praktischen Ausbildung an konfrontiert werden.
Der Lernbereich 2 sollte schwerpunktmäßig darauf ausgerichtet sein, den SchülerInnen erste Kenntnisse über das Prinzip der Pflegeplanung zu vermitteln und damit einem Qualifizierungsanspruch genügen, der über die Bedingungen der alltäglichen Praxis hinausgeht.
Im Lernbereich 3 sollte der Zielsetzung nachgegangen werden, die SchülerInnen grundlegend für die gesellschaftliche, soziale und persönliche Situation gesundheitsgefährdeter oder kranker Menschen zu sensibilisieren und sie daraus Konsequenzen für ihr pflegerisches Handeln ableiten zu lassen.
Der Lernbereich 4 sollte der Förderung sozialer Kompetenz und damit denjenigen Fähigkeiten dienen, die hinsichtlich der Interaktion und Kommunikation der zukünftigen Krankenschwestern/pfleger mit Patienten, deren Angehörigen sowie Mitarbeitern wichtig erscheinen.
Insgesamt wurde für die Lernbereiche 1 bis 4 angenommen, daß sie ein Grobraster für den Erwerb grundlegender Qualifikationen darstellen und demzufolge das erste Ausbildungsjahr strukturieren sollten.

Die Lernbereiche 5 bis 7 sind als primär situationsbezogen zu charakterisieren.

Der Lernbereich 5 sollte sich aus verschiedenen Lerneinheiten zusammensetzen, die jeweils die komplexe Pflegesituation einer bestimmten Patientengruppe thematisieren. Der Begriff «Pflegebedürfnisse» wurde gewählt, weil erste inhaltliche Anregungen zu diesem Lernbereich dem Konzept für den Berliner Modellstudiengang *Lehrkräfte der Krankenpflege* (BISCHOFF u. a. 1977) entnommen wurden, in denen das inhaltliche Strukturierungskriterium der *Pflegebedürfnisse des Patienten* (ebd., 51 ff.) eine zentrale Rolle spielt.
Der Lernbereich 6 ergab sich im wesentlichen aus der Tatsache, daß im Lernbereich 5 die Situation und Pflege von Menschen mit bestimmten Erkrankungen im Mittelpunkt steht. Da jedoch Krankenpflege gleichfalls die Betreuung solcher Personengruppen umfaßt,

114

deren Situation, Bedürfnisse und Probleme eng mit der Tatsache verknüpft sind, daß sie Kinder oder alte Menschen sind, daß sie schwanger sind oder ein Kind geboren haben, daß sie behindert sind oder daß sie sterben, sollte dieser Lernbereich primär darauf abzielen, pflegerisches Handeln im Kontext der besonderen Situation dieser Personengruppen zu bearbeiten.

Der Lernbereich 7 entsprach im wesentlichen den Vorstellungen, die zuvor mit dem Lernbereich «personalorientierte Pflege» verknüpft waren. Die Umbenennung erfolgte mit der Absicht, den Bezug sowohl zur gegenwärtigen Ausbildungs- als auch zukünftigen Berufssituation der SchülerInnen hervorzuheben.

Das gesamte Gliederungskonzept erwies sich in einigen Punkten als nicht umsetzbar.

So zeigte sich, daß sich aus den inhaltlichen Vorstellungen und Vorschlägen zur Ausgestaltung des Lernbereichs «Prinzipien der Pflegeplanung» nur eine Lerneinheit entwickeln ließ, so daß die Bezeichnung «Lernbereich» nicht mehr zutreffend war.

Bezüglich des Lernbereichs 3 «Grundlagen der psychosozialen Patientenbetreuung» ergab sich, daß es aufgrund des begrenzten Stundenkontingents der human- und sozialwissenschaftlichen Fächer nicht möglich war, anhand mehrerer umfassender Lerneinheiten dem angestrebten Qualifizierungsanspruch nahezukommen. Es konnten einige Aspekte des «Krankwerdens – Krankseins – Patientseins» bearbeitet werden, das Ziel jedoch, über die Sensibilisierung hinaus die SchülerInnen Konsequenzen hinsichtlich psychosozialer Patientenbetreuung ableiten zu lassen, konnte nach Rückmeldung der Lehrenden in dem gegebenen zeitlichen Rahmen nicht erreicht werden.

Ähnliches traf auf den Lernbereich 4 «Kommunikation und Interaktion» zu: Auch hier war es nicht möglich, aus den verfügbaren human- und sozialwissenschaftlichen Stunden mehrere Lerneinheiten zur differenzierten und intensiven Bearbeitung von Kommunikations- und Interaktionsaspekten bzw. -problemen zu entwickeln.

Neben den zeitlich bedingten Realisierungsschwierigkeiten ist anzumerken, daß im Hinblick auf die inhaltliche Gestaltung der Lernbereiche 3 und 4 des weiteren kaum auf konkrete Vorstellungen und Schwerpunktsetzungen seitens der Praktiker zurückgegriffen werden konnte.

Infolge der genannten Probleme wurde das zweite curriculare Strukturierungskonzept nochmals geändert. Diese Modifizierung führte zu einem Raster, dem sich im Sinne des übergeordneten Zielgefüges sowohl die bereits entwickelten als auch die noch zu konzipierenden Lerneinheiten zuordnen ließen und das die Zustimmung aller betroffenen Unterrichtsschwestern und -pfleger fand.

Die für das vorliegende Curriculum endgültige und maßgebliche Grobstrukurierung gliedert es in 5 Lernbereiche auf:

– Lernbereich I: Pflegetechniken und Pflegemaßnahmen
– Lernbereich II: Krankwerden – Kranksein – Patientsein
– Lernbereich III: Pflege spezieller Patientengruppen
– Lernbereich IV: Betreuung spezieller Personengruppen
– Lernbereich V: Zur Situation des/der Krankenpflegeschülers/in bzw. des Krankenpflegepersonals

Der Lernbereich I entspricht der Intention nach dem ehemaligen Lernbereich «Pflegetechniken im naturwissenschaftlichen Kontext» und bezieht sich auf «alltägliche» pflegerische Verrichtungen, die sich nicht eindeutig bestimmten Pflegesituationen zuordnen lassen. Die Umbenennung in «Pflegetechniken und Pflegemaßnahmen» wurde zum einen vorgenommen, weil hier nicht nur auf technisch-manuelle, sondern auch auf andere pflegerische Handlungsfähigkeiten, wie beispielsweise die Beobachtungsfähigkeit, abgezielt werden soll. Zum anderen sollen die Techniken und Maßnahmen nicht nur in ihrem naturwissenschaftlichen Begründungszusammenhang, sondern auch in ihrem psychosozialen Kontext beleuchtet werden.

Innerhalb des Lernbereichs II soll den SchülerInnen Gelegenheit gegeben werden, Entstehung, Verlauf und Prävention von Krankheit unter gesellschaftlichen, sozialen und individuell-biographischen Aspekten zu bearbeiten. Er entspricht nicht mehr der hohen Zielsetzung des ehemaligen Lernbereichs 3, die SchülerInnen grundlegend für ein psychosozial ausgerichtetes Pflegehandeln zu qualifizieren, sondern soll der Intention genügen, sie für ein nicht ausschließlich medizinisch-naturwissenschaftliches Krankheitsverständnis zu sensibilisieren bzw. sie in diesem Sinne zur Reflexion und zum Erfahrungsaustausch anzuregen.

Die Lernbereiche III, IV und V entsprechen den Vorstellungen der ehemaligen Lernbereiche 5, 6 und 7. Die Änderung des Begriffs «Pflegebedürfnisse» in «Pflege» beim Lernbereich III erfolgte erstens, weil die konkrete Ausgestaltung des Bereichs kaum eine Nähe zur pflege-

116

theoretisch ausgerichteten Verwendung des Begriffs *«Pflegebedürfnisse»* im Berliner Konzept (vgl. BISCHOFF u. a. 1977) aufweist, und zweitens, weil es hier nicht nur um die Bedürfnisse des Patienten, sondern um die Gesamtsituation patienten- bzw. personenbezogenen pflegerischen Handelns geht.

Indem in den Lernbereichen III und IV kontinuierlich Aspekte des interaktiv-kommunikativen, psychosozialen und geplanten Pflegehandelns aufgegriffen werden, sind sie gleichfalls an den übergreifenden Zielsetzungen, wie sie für die ehemaligen Lernbereiche «Prinzipien der Pflegeplanung», «Grundlagen der pschosozialen Patientenbetreuung» und «Kommunikation und Interaktion» formuliert wurden, ausgerichtet.

Hinsichtlich der ehemaligen Lernbereiche «Prinzipien der Pflegeplanung» sowie «Kommunikation und Interaktion» erschien eine inhaltlich-thematische Zuordnung zum Lernbereich V «Zur Situation des/der Krankenpflegeschülers/in bzw. des Krankenpflegepersonals» sinnvoll und möglich.

Zur zeitlichen Einordnung der fünf Lernbereiche in den dreijährigen Ausbildungsverlauf lassen sich folgende Gesichtspunkte anführen:

– Der Lernbereich I ergibt als grundlegendes Qualifizierungsangebot nur einen Sinn, wenn er am Anfang der theoretischen Ausbildung steht. Für dieses Vorgehen sprechen insbesondere zwei Überlegungen:
1. Die SchülerInnen sammeln von Ausbildungsbeginn an durch ihren Einsatz auf den Krankenpflegestationen praktische Erfahrungen in der Anwendung von Pflegetechniken und -maßnahmen. Dabei entstehende Fragen, Probleme und Unsicherheiten sollen ohne große zeitliche Versetzung in diesem Lernbereich – losgelöst vom praktischen Handlungszwang und alltäglicher Routine – bearbeitet und damit zu einem fundierten Verständnis pflegerischen «Alltagshandelns» beigetragen werden[1].
2. Eine den Lernbereichen III und IV vorausgehende Basisqualifizierung erleichtert die Bearbeitung der dort erfaßten komplexen

---

[1] Hiermit unterscheidet sich das vorliegende Curriculum grundlegend von dem Vorgehen im «HESSISCHEN CURRICULUM» (DBfK 1990): Dort wird das erste Ausbildungsjahr nach pflegetheoretischen Gesichtspunkten gegliedert, die kaum einen Bezug zu den alltäglichen Aktivitäten der KrankenpflegeschülerInnen auf den Krankenpflegestationen erkennen lassen.

Handlungssituationen. Müßten dort noch alle grundlegenden Pflegetätigkeiten detailliert erklärt werden, würde dies vermutlich die Konzentration auf die besonderen patienten- bzw. personenbezogenen Schwerpunktsetzungen behindern.

– Hinsichtlich des Lernbereichs II läßt sich aufgrund der Rückmeldungen der Lehrenden folgende Überlegung anführen: Die einzelnen Einheiten können einerseits mit der Intention eingesetzt werden, die SchülerInnen gleich zu Ausbildungsbeginn für gesellschaftliche und psychosoziale Fragen von Krankheit zu sensibilisieren und sie in diesem Sinne auf ihr praktisches Pflegehandeln vorzubereiten; andererseits können die Lerneinheiten auch erst zu einem späteren Zeitpunkt unter der Zielsetzung erfolgen, mit den SchülerInnen bereits gesammelte Erfahrungen unter den genannten Gesichtspunkten auszutauschen, zu reflektieren und zu analysieren. Keiner der beiden Möglichkeiten ist eine absolute Priorität eingeräumt worden, so daß eine zeitliche Festlegung des Lernbereichs II weder erforderlich noch sinnvoll erscheint.

– Die Lernbereiche III und IV sollten, wie bereits angeführt, zeitlich auf den Lernbereich I aufbauen, also im zweiten und dritten Ausbildungsjahr erfolgen. Dabei hat es sich als sinnvoll und realistisch erwiesen, beide Lernbereiche nebeneinanderherlaufen zu lassen – oder mit anderen Worten: es wurden keine Argumente gefunden, die für eine Hintereinanderschaltung beider Bereiche sprachen.

– Für die zeitliche Zuordnung des Lernbereichs V trifft prinzipiell dasselbe zu, wie es bereits für den Lernbereich II formuliert wurde. Das heißt, er kann flexibel auf alle drei Ausbildungsjahre verteilt werden. An dieser Stelle sei beispielhaft auf eine Rückmeldung der SchülerInnen hingewiesen: Bei der schriftlichen und mündlichen Auswertung des ersten Unterrichtsblocks kritisierten sie, daß der Stundenanteil des Lernbereichs V von 55% der Gesamtstunden dieses Blocks zu hoch sei. Zwischen 25 und 50 Prozent der SchülerInnen gaben an, daß sie die insbesondere gesetzlichen und berufskundlichen sowie soziologisch-pädagogischen Inhalte schlecht in der Praxis verwenden können und daß der Unterricht «zu trocken» sei. Diese Kritik wurde von ihnen während des gesamten curricularen Entwicklungsprozesses immer dann geäußert, wenn sie gehäuft mit Themen aus den Lernbereichen V und II konfrontiert wurden. Nimmt man diese Rückmeldung ernst, dann könnte eine Konsequenz darin liegen, insbesondere den zeitlich umfangreichen Lernbereich V punktuell auf die drei Ausbildungsjahre zu verteilen.

Hinsichtlich der zeitlich flexiblen Handhabung des Lernbereichs V ist auf zwei Ausnahmen hinzuweisen: die den ehemaligen Lernbereichen 3 und 4 entsprechenden thematischen Einheiten «Neue Aspekte im Berufsverständnis: Planung und Dokumentation der Krankenpflege» und «Kommunikation, Interaktion und Gesprächsführung» sind im Sinne einer ersten grundlegenden Einführung vor den Lernbereichen III und IV zu bearbeiten.

3.3 Aufschlüsselung der Lernbereiche in fächerintegrative Lerneinheiten

Übergreifend läßt sich der Prozeß der inhaltlich-strukturellen Ausgestaltung der einzelnen Lernbereiche folgendermaßen beschreiben: Ausgehend von den Vorstellungen der Unterrichtsschwestern und -pfleger einerseits und den theoretischen Vorüberlegungen der Verfasserin andererseits wurden zunächst für die einzelnen Lernbereiche Vorschläge zu möglichen Inhaltskomplexen erarbeitet, über deren Auswahl in mehreren Kolloquien entschieden wurde. Die so ermittelten, lediglich thematisch bestimmten sogenannten Lerneinheiten wurden anschließend von verschiedenen, vom Kollegium ausgewählten USUP-Arbeitsgruppen in Zusammenarbeit mit der Verfasserin auf grobe inhaltliche Schwerpunktsetzungen hin ausgearbeitet. Anschließend wurden sie in zahlreichen Einzelbesprechungen zwischen der Verfasserin und den jeweils von der Lerneinheit betroffenen FachdozentInnen konkretisiert. Der Part der Verfasserin bestand hierbei im wesentlichen darin, die FachdozentInnen erstens mit den bereits von den USUP erstellten krankenpflegebezogenen Schwerpunkten und zweitens mit den didaktischen Fragen nach KLAFKI (vgl. oben, S. 98) zu konfrontieren. Die so entwickelten Lerneinheiten wurden dann einem kontinuierlichen Überarbeitungsprozeß ausgesetzt: Inhaltlich-strukturelle Modifikationen ergaben sich zum einen aus neuen Ideen und den Umsetzungserfahrungen der Lehrkräfte sowie Rückmeldungen der Lernenden, zum anderen aus Anregungen der Verfasserin, die sie aus weiteren Literaturstudien, der detaillierteren Auseinandersetzung mit den inhaltlichen Vorgaben der Ausbildungs- und Prüfungsverordnung sowie ihrem gewachsenen Gesamtüberblick über das Curriculum gewonnen hatte. Am Ende dieses Prozesses, der die Entwicklung, Erprobung und Überarbeitung aller Lerneinheiten für die dreijährige Ausbildung umschloß, wurde in einem mehrtägigen Kolloquium zwischen Unterrichtsschwestern und -pflegern und der Verfasserin über die endgültige inhaltliche Ausgestaltung des Curriculums entschieden.

Bezogen auf die einzelnen Lernbereiche läßt sich deren Aufschlüsselung in fächerintegrative Lerneinheiten folgendermaßen charakterisieren:

Lernbereich I: Pflegetechniken und Pflegemaßnahmen

Die für diesen Lernbereich zu entwickelnden Lerneinheiten sollten ihren Schwerpunkt bei typischen, «alltäglichen» krankenpflegerischen Verrichtungen haben. Wesentliche Anregungen hierzu resultierten aus der bereits angeführten, von USUP und Verfasserin gemeinsam erarbeiteten Zusammenstellung von Zielen für die praktische Ausbildung, die einen Überblick über solche charakteristischen Pflegetätigkeiten enthielt (vgl. oben, S. 108). Danach wurden Lerneinheiten zusammengefaßt, die im wesentlichen von Pflegetechniken und -maßnahmen ausgehen, die auf menschliche Aktivitäten (Atmen, Ernähren, Verdauen, Ausscheiden, Bewegen, Pflege von Haut und Körper, Zähnen und Mund) und/oder die Beobachtung und Überwachung des Patienten oder auf medizinische Assistenzaufgaben (bei der Infusions- und Transfusionstherapie, der Thromboseprophylaxe, Wundbehandlung, prä- und postoperativen Betreuung des Patienten) bezogen sind. Die thematisch bestimmten Lerneinheiten wurden nun inhaltlich aus den Perspektiven der in der Ausbildungs- und Prüfungsverordnung enthaltenen Fächer aufbereitet. Konkret wurden dabei – um das Fach «Krankenpflege» herum – am häufigsten für die Fächer «Biologie, Anatomie und Physiologie», «Hygiene und medizinische Mikrobiologie» und «Fachbezogene Physik und Chemie» Inhalte ermittelt bzw. Aspekte herausgearbeitet, die auf die Erklärung und Begründung der praktischen Tätigkeiten und ihrer Auswirkungen auf den Menschen abzielen. Das Kernfach «Krankenpflege» wurde zusätzlich nach verschiedenen Gesichtspunkten aufgeschlüsselt: hygienische, pathophysiologische, beobachtungsbezogene und psychosoziale Aspekte bestimmten die Auswahl der Inhalte, psychomotorische und affektive Zielsetzungen liefen auf methodische Überlegungen hinaus, die insbesondere den Einbezug praktischer Übungen betrafen.

120

In der Anfangsphase wurde der Versuch unternommen, die einzelnen Fächer im Sinne von BLOOM u. a. (1976; vgl. oben, S. 99) einander zuzuordnen: danach sollten beispielsweise die naturwissenschaftlichen Fächer primär der Vermittlung von Wissen und Verständnis dienen, während das Fach «Krankenpflege» eher auf die Anwendung des zuvor erworbenen Wissens hinauslaufen und Gelegenheit zu analytisch-synthetischen Denkprozessen bieten sollte. Von den schriftlichen Formulierungen, die dieses Prinzip ausdrücken sollten, wurde später Abstand genommen, da sie in der konkreten Umsetzung stark an operationalisierte Lernziele erinnerten, auf die gemäß den curriculumtheoretischen Überlegungen verzichtet werden sollte (vgl. oben, S. 78ff.). Die Gliederung der Lerneinheiten jedoch, nach der zunächst in den dem krankenpflegerischen Ausgangsthema zugeordneten Fächern Grundlagenwissen vermittelt werden soll, das anschließend im Fach «Krankenpflege» unter spezifisch pflegerischen Fragestellungen aufgearbeitet werden soll, blieb bis zuletzt bestehen. Daß sich diese Strukturierung auch in der Erprobung der Lerneinheiten als der sinnvollste Weg herausaustellte, mag nicht unwesentlich mit einem traditionell bedingten Aspekt zusammenhängen, der im 1. Kapitel dargestellt wurde: Krankenpflegerisches Wissen und Handeln baut auf den Erkenntnissen anderer Wissenschaften auf (vgl. oben, S. 32ff.).

Dieses Phänomen betrifft nicht nur den Lernbereich I, sondern beeinflußte ebenfalls maßgeblich die Strukturierung der Lernbereiche III und IV.

Lernbereich II: Krankwerden – Kranksein – Patientsein

Der Ansatz, den Lernbereich II in fächerintegrative Lerneinheiten aufzuschlüsseln, scheiterte. Die Gründe hierfür lagen zum einen in dem geringen Stundenetat der für diesen Lernbereich infrage kommenden Fächer, zum anderen darin, daß die angestrebte gesellschaftliche, soziale und individuell-biographische Betrachtung des Themenkomplexes der jeweiligen Perspektive bzw. Schwerpunktsetzung eines bestimmten Faches entspricht. In der Konsequenz wurde versucht, den Lernbereich II mehrperspektivisch nach fachbezogenen Einzelthemen zu gestalten: Unter Verwendung krankheitsbezogener psychologischer, soziologischer, sozialmedizinischer und gesundheitspolitischer Literatur wurden in Diskussionen mit den USUP Themenvorschläge erarbeitet, von denen angenommen wurde, daß sie für ein gesellschaftlich-psychosozial reflektiertes Krankheitsverständnis der zukünftigen Krankenschwestern und -pfleger von grundlegender Bedeutung sind. Diese Vorschläge wurden dann mit den einzelnen FachdozentInnen inhaltlich konkretisiert und überarbeitet.

Im Ergebnis setzt sich der Lernbereich II aus neun Lerneinheiten zusammen, die in Hinblick auf die übergreifende Zielsetzung miteinander in Beziehung stehen, sonst jedoch fachlich voneinander getrennt sind.

Lernbereich III: Pflege spezieller Patientengruppen

Wesentliche Anregungen zur strukturellen Gestaltung des Lernbereichs III wurden dem Teil B des Berliner Konzepts für den Modellstudiengang *Lehrkräfte der Krankenpflege* (BISCHOFF u.a. 1977, 51ff.) entnommen. Diese Vorlage verdeutlichte beispielhaft, wie patientenbezogene Themen unter verschiedenen fach(wissenschaft)lichen Aspekten aufbereitet werden können. Die inhaltliche Gestaltung des Berliner Modells konnte jedoch für das vorliegende Curriculum keine wesentliche Hilfestellung bieten: Der Teil B des Berliner Modells ist in Anlehnung an die pflegetheoretischen Überlegungen von ABDELLAH u.a. in 21 Einheiten gegliedert, die ihren Ausgang bei bestimmten Fähigkeiten des Patienten haben, wie beispielsweise seiner Fähigkeit *«zur Ernährung aller Körperzellen»* (ebd., 51), *«gute Hygiene und körperliche Bequemlichkeit aufrechtzuerhalten»* (ebd., 52), *«zur Erhaltung wirksamer verbaler und nonverbaler Kommunikation»* (ebd., 54). In den jeweiligen konzeptionellen Einheiten werden diese übergreifenden Fähigkeiten in «Einzelfähigkeiten» zerlegt und als solche zusammen mit den Pflegebedürfnissen, die ein Patient bei der Einschränkung dieser Fähigkeiten entwickelt, durch unterschiedliche fachbezogene Inhalte stichwortartig erfaßt. Damit baut das Berliner Modell auf einer idealtypischen Konstruktion von Pflege auf, die wenig Bezug zum alltäglichen pflegerischen Handeln erkennen läßt (vgl. oben, Kap. 1.3 und 1.4) und darüber hinaus in ihrem theoretischen Aussagegehalt strittig ist (vgl. AGGLETON/CHALMERS 1989).

Eine Übertragung des allein pflegetheoretisch ausgerichteten Berliner Konzepts auf das vorliegende Curriculum war nun insbesondere deshalb nicht möglich, weil es sich im allgemeinen nicht mit den curriculumtheoretischen Überlegungen und der damit zusammenhängenden Grobstrukturierung des Gesamtcurriculums vereinbaren läßt und im besonderen keinen Bezug zu typischen patientenbezogenen, von KrankenpflegeschülerInnen erfahrenen oder erfahrbaren Pflegesituationen aufweist.

122

In der Konsequenz wurden gemeinsam von einer USUP-Arbeitsgruppe und der Verfasserin Lerneinheiten ermittelt, die ihren thematischen Ausgang bei real vorhandenen Pflegesituationen nehmen. Als solche wurden – neben einer «Grundlageneinheit» – insgesamt 15 curriculare Einheiten erarbeitet, die jeweils die Pflege einer nach einem übergreifenden krankheitsbezogenen Kriterium zusammengefaßten Patientengruppe thematisieren. Gleichfalls schlüsselte die Arbeitsgruppe die Einheiten nach fachspezifischen Aspekten auf und ordnete diesen erste krankenpflegebezogene inhaltliche Schwerpunkte zu, die dann von den jeweiligen FachdozentInnen konkretisiert, gegebenenfalls modifiziert wurden.

Übergreifend sind die Lerneinheiten des Lernbereichs III so zusammengesetzt, daß die Pflege einer bestimmten Patientengruppe zum einen von verschiedenenen medizinischen Fachrichtungen im Hinblick auf pathophysiologische Wirkungszusammenhänge, typische Erkrankungen, deren Diagnose und Therapie beleuchtet und dabei um pflegerelevante pharmakotherapeutische, mikrobiologische und/oder gesetzliche Aspekte erweitert wird. Zum anderen soll die Pflege einer bestimmten Patientengruppe im Fach «Krankenpflege» unter verschiedenen Gesichtspunkten bearbeitet werden: Hierzu zählt im wesentlichen die Auseinandersetzung mit speziellen diagnose- und therapiebegleitenden Pflegemaßnahmen, mit somatisch und psychosozial ausgerichteten therapeutischen, prophylaktischen, präventiven und/oder rehabilitativen Pflegemöglichkeiten sowie mit der geplanten, ganzheitlichen Pflege eines Patienten. Alle Aspekte wurden zunächst bei der Erstellung der Lerneinheiten berücksichtigt, dann wurde jedoch im Einzelfall entschieden, welche Gewichtung sie erhalten sollen und inwieweit insbesondere die (zeitintensive) Thematisierung der «ganzheitlichen Pflege» möglich und sinnvoll ist. Letzteres, so ergab sich bei der Curriculumerprobung und Diskussion mit Lehrenden und Lernenden, wurde von ihnen in der Form exemplarischer Auseinandersetzung bevorzugt, während eine generell, in jeder Lerneinheit vorgenommene Bearbeitung der «ganzheitlichen Pflege» insbesondere von den Lernenden als «langweilig» oder als «immer-dasselbe» empfunden wurde.

Abschließend sei noch auf einen besonderen Gesichtspunkt des Lernbereichs III hingewiesen: Da alle Lerneinheiten sehr komplex sind und von einer Vielzahl von Fachlehrkräften – insbesondere auch FremddozentInnen – zu unterrichten sind, wurden sie jeweils zusammenfassend kommentiert. Diese sogenannten «didaktischen Kommentare» sollen den Lehrenden die grundlegenden Intentionen und Schwerpunktsetzungen sowie die Einordnung ihres Fachgebiets in den Gesamtkontext der Lerneinheit verdeutlichen. Aus den Rückmeldungen der Fachlehrkräfte ging hervor, daß sie diese Kommentierungen als sinnvolle und aussagekräftige Orientierungshilfe bewerteten.

Lernbereich IV: Betreuung spezieller Personengruppen

Wie bereits angeführt, ergab sich aus der primär von krankheitsbestimmten Pflegesituationen ausgehenden Gestaltung des Lernbereichs III die Notwendigkeit, in einem weiteren Lernbereich jene pflegerischen Betreuungssituationen zu thematisieren, die wesentlich durch die nicht-krankheitsbedingte Lebenslage der zu Pflegenden beeinflußt werden. Hinsichtlich der Ermittlung solcher «Personengruppen» gab es bei den Unterrichtsschwestern/pflegern und der Verfasserin eine eindeutige Einschätzung, die sich über den gesamten curricularen Entwicklungsprozeß nicht änderte: Behinderte, Schwerkranke und Sterbende, alte Menschen, Kinder sowie Schwangere und Wöchnerinnen sind als die Personengruppen zu betrachten, die einerseits häufig von (den zukünftigen) Krankenschwestern und -pflegern zu betreuen sind und andererseits besondere Anforderungen an pflegerisches Handeln stellen.

Die in diesem Sinne thematisch bestimmten Lerneinheiten wurden prinzipiell in derselben Art und Weise fächerintegrativ gestaltet wie die des Lernbereichs III. Aufgrund der angestrebten Auseinandersetzung mit dem gesellschaftlichen und psychosozialen Kontext der jeweiligen Personengruppe sind in den Lerneinheiten häufiger als im Lernbereich III Fachgebiete wie Psychologie, Sozialhygiene und Gesetzeskunde vertreten. Das schließt jedoch nicht aus, daß beispielsweise in den Lerneinheiten «Betreuung von Schwangeren und Wöchnerinnen» oder «Betreuung von Kindern» typische medizinische Probleme und pflegerische Fragestellungen behandelt werden sollen.

Des weiteren soll den SchülerInnen in Lerneinheiten wie «Betreuung von Schwerkranken und Sterbenden» oder «Betreuung von Behinderten» Gelegenheit geboten werden, sich mit der eigenen emotionalen Betroffenheit auseinanderzusetzen sowie Erfahrungen und psychische Belastungen im Umgang mit solchen Menschen auszutauschen

124

und aufzuarbeiten. In diesem Sinne wurde hier nur eine sehr grobe, situativ und schülerbezogen auszuwählende Vorgabe von inhaltlichen Gesichtspunkten formuliert und diese durch methodische Hinweise ergänzt. Nicht zuletzt aufgrund dieser Gesichtspunkte – jedoch auch wegen der Beteiligung vieler FremddozentInnen – wurden die Lerneinheiten wie im Lernbereich III jeweils einzeln didaktisch kommentiert.

Lernbereich V: Zur Situation des/der Krankenpflegeschülers/in bzw. des Krankenpflegepersonals

Eine mit den Lernbereichen I, III und IV vergleichbare Aufschlüsselung in komplexe, fächerintegrative Lerneinheiten erwies sich für den Lernbereich V als wenig sinnvoll. Ähnlich wie beim Lernbereich II stellte sich zunächst heraus, daß sich die von den USUP genannten inhaltlichen Vorschläge in der Regel nur einem Fach zuordnen ließen. Bei den folgenden Erprobungen im Unterricht zeigte sich, daß ein Zusammenschluß dieser Aspekte zu einem fächerintegrativen Komplex weder von den zugrundeliegenden Intentionen noch den Inhalten her zwingend notwendig war und ein Eingehen auf die situativen Interessen der SchülerInnen sowie die von ihnen favorisierte punktuelle und zeitlich verteilte Bearbeitungsform erschwert hätte (vgl. oben, S. 118).

Somit bestand die zentrale Aufgabe der inhaltlichen Aufschlüsselung dieses Lernbereichs nicht darin, zeitlich zusammenhängende, Fächer integrierende Inhaltskomplexe zu konstruieren, sondern Einzelthemen zu ermitteln, die für die gegenwärtige und zukünftige Situation der SchülerInnen von Bedeutung sind bzw. sein könnten. Zur Hilfe ihrer Ermittlung wurde von der Verfasserin ein Raster entwickelt: Angeregt durch die Überlegungen von GIEL (vgl. oben, S. 97) wurde versucht, die Situation der Lernenden nach verschiedenen Rollen, die sie in Abhängigkeit von bestimmten Handlungsfeldern ihrer Ausbildungs- und Berufswirklichkeit einnehmen, zu thematisieren. In Auseinandersetzung mit mehreren, auf Rolle und Rollenkonflikte des Pflegepersonals bezogenen Veröffentlichungen (vgl. CORNELIUS u. a. 1980; CORWIN 1972; MEIER 1979; BÜHLER u. a. 1982) wurde der Lernbereich V in fünf rollen- bzw. handlungsbezogene Schwerpunktbereiche untergliedert:

- Zur Situation des/der Krankenpflegeschülers/in in der Ausbildung
- Zur Situation des/der Krankenpflegeschülers/in als Interaktions- und Kommunikationspartner/in
- Zur Situation des/der Krankenpflegeschülers/in als Angehörige/r des Krankenpflegeberufs
- Zur Situation des/der Krankenpflegeschülers/in als Arbeitnehmer/in
- Zur Situation des/der Krankenpflegeschülers/in im Krankenhaus

Diese Schwerpunktbereiche ließen sich in Zusammenarbeit mit den Unterrichtsschwestern/pflegern nach verschiedenen Perspektiven thematisch aufschlüsseln und konnten dann von den entsprechenden Fachlehrkräften inhaltlich konkretisiert werden.
Im Ergebnis setzt sich der Lernbereich V aus fünf Teilbereichen zusammen, die wiederum mehrere fachbezogene Lerneinheiten umschließen.

4. Rückblick auf die Entwicklung des Curriculums: Diskussionsschwerpunkte, Probleme und Schlußfolgerungen

Das folgende Kapitel sieht sich ausschließlich dem Anspruch verpflichtet, jene Diskussionsschwerpunkte und Problemfelder näher zu beleuchten, die während der Curriculumentwicklung besonders häufig und/oder besonders intensiv hervortraten. Eine umfassende Evaluation hingegen, die detaillierteren Aufschluß beispielsweise über die Verwirklichung des angestrebten Zielgefüges, über tatsächlich erreichte Ausbildungsverbesserungen im Vergleich zum herkömmlichen Vorgehen oder über die Umsetzung des Curriculums durch die Lehrkräfte gibt, ist bzw. war im Rahmen dieses Projekts nicht möglich. Eine solche Untersuchung, in der die Möglichkeit enthalten ist, auf mehr Informationsquellen als die einer einzigen Krankenpflegeschule zurückzugreifen, wäre für die Zukunft wünschenswert.

Die bei diesem Projekt in besonderem Maß hervorgetretenen Diskussions- und Problemfelder lassen sich unter folgenden übergreifenden Gesichtspunkten erfassen:

– Das Curriculum im Spannungsgefüge von theoretischer und praktischer Krankenpflegeausbildung (vgl. Kap. 4.1);
– Die Umsetzung des Curriculums in den Unterricht (vgl. Kap. 4.2);
– Schwierigkeiten während des curricularen Entwicklungsprozesses (vgl. Kap. 4.3).

Die Ausführungen zu den ersten beiden Aspekten basieren im wesentlichen auf schriftlich fixierten Gedächtnisprotokollen von Besprechungen und Gesprächen mit den Unterrichtsschwestern/pflegern und auf insgesamt neun ca. 45 SchülerInnen durchgeführten schriftlichen Befragungen, die durch mündliche Auswertungsgespräche ergänzt wurden. Der dritte Aspekt setzt sich aus Erfahrungen und Beoachtungen der Verfasserin zusammen.

Am Ende des Kapitels soll der Frage nachgegangen werden, wie der Beitrag des Curriculums für die Verbesserung der krankenpflegerischen Ausbildungssituation einzuschätzen ist (vgl. Kap. 4.4).

4.1 Das Curriculum im Spannungsgefüge von theoretischer und praktischer Krankenpflegeausbildung

Als besonders markante curriculare Diskussionspunkte, bei denen das Verhältnis von theoretischer und praktischer Ausbildung eine zentrale Rolle spielte, lassen sich nennen:

1. die Vorbereitung der praktischen Ausbildungseinsätze durch den theoretischen Unterricht,

2. die Ausrichtung des theoretischen Unterrichts an der pflegerischen Praxis,

3. Das Üben praktischer Tätigkeiten im theoretischen Unterricht.

1. Ein häufig diskutiertes Problem läßt sich in der Frage ausdrücken: Soll die theoretische auf die praktische Ausbildung vorbereiten oder soll die theoretische Ausbildung eine eigenständige Systematik verfolgen, an der sich die praktische Ausbildung ausrichten muß?

Von den Unterrichtsschwestern und -pflegern wurde diese Frage insbesondere am Anfang der Curriculumentwicklung erörtert: Traditionell wurde in der Krankenpflegeschule zu Ausbildungsbeginn ein Schwergewicht darauf gelegt, den SchülerInnen möglichst schnell einen Überblick über möglichst viele Pflegeverrichtungen zu vermitteln, um so ihre Einsatzfähigkeit für die darauf folgende praktische Ausbildungsphase zu erhöhen. Dabei stand im wesentlichen die erfahrungsgemäß richtige Ausführung der Pflegetätigkeiten im Vordergrund, während der Auseinandersetzung mit ihrem Erklärungs- und Begründungszusammenhang kaum ein Stellenwert zugerechnet wurde. Genau darauf sollte jedoch im Sinne der fächerintegrativen Lerneinheiten des Lernbereichs I abgezielt werden – mit der Folge, daß erheblich mehr Stunden zur Bearbeitung einer Pflegetechnik oder -maßnahme erforderlich waren als früher und somit die SchülerInnen vor ihrem ersten praktischen Einsatz nur mit einigen wenigen Pflegetätigkeiten vertraut gemacht werden konnten. Wenn auch die curriculare Planung befürwortet wurde, gab es dennoch Bedenken: Da nicht davon auszugehen ist, daß sich die praktische Ausbildung an der theoretischen orientiert, besteht eine erhöhte Wahrscheinlichkeit, daß die SchülerInnen Pflegemaßnahmen in der Praxis verrichten müssen, mit denen sie sich noch nicht (genauer) theoretisch auseinandergesetzt haben, dadurch verunsichert werden und Patienten gefährden können. Gegen diese Bedenken wurde wiederum argumentiert, daß es bei dem gegebenen Ausbildungssystem, bei dem die SchülerInnen einer Klasse vor bzw. nach einer jeweils mehrwöchigen Unterrichtsphase auf Stationen verschiedener medizinischer Fachgebiete eingesetzt werden, eine Illusion sei, die theoretische Ausbildung in einen direkten inhaltlichen – vor- oder auch nachbereitenden – Bezug zu den unterschiedlichen praktischen Ausbildungserfordernissen der SchülerInnen zu stellen und daß die theoretische Ausbildung die fehlende Anleitung auf den Stationen nicht kompensieren könne bzw. solle.

Die Rückmeldung der SchülerInnen zu diesem Problemkomplex war ebenfalls ambivalent: Einerseits begrüßten sie das Zusammenhänge verdeutlichende Konzept, andererseits kritisierten sie, daß sie teilweise nicht genügend auf ihre praktischen Einsätze vorbereitet würden oder im Unterricht Pflegeverrichtungen behandelten, die sie bereits «tagtäglich» in der pflegerischen Praxis ausgeführt hätten und die ihnen hinreichend bekannt seien. Eine (curriculare) Lösung des Problems wurde jedoch auch von ihnen nicht gesehen.

2. Ein zweiter Diskussions- und Problemkomplex läßt sich der übergreifenden Kontroverse zwischen Ausbildungsvorstellungen «im Sinne der gegebenen Praxis» (vgl. oben, S. 36 ff.) einerseits und «im Sinne der patientenorientierten Pflege» (vgl. oben, S. 38 ff.) andererseits zuordnen.

Konkret gerieten beide Positionen im Kreis der USUP wiederum bei Fragen der Ausgestaltung des Lernbereichs I aneinander: Von einigen Lehrkräften wurde gefordert, daß die SchülerInnen im Sinne der systematischen Entwicklung eines patientenorientierten Pflegeverständnisses zu Ausbildungsbeginn ausschließlich mit solchen Pflegeverrichtungen konfrontiert werden sollen, die sich auf grundlegende physische und psychische Bedürfnisse des Patienten konzentrieren.

Dem wurde entgegengehalten, daß die SchülerInnen sich entsprechend der pflegerischen Praxis bereits zu diesem Zeitpunkt mit behandlungsbezogenen, medizinisch-technisch ausgerichteten Pflegemaßnahmen auseinandersetzen sollen.

Den unterschiedlichen Ausrichtungen der krankenpflegerischen Lehrkräfte stand ein relativ eindeutiges Meinungsbild der SchülerInnen gegenüber: Für sie stand an erster Stelle ihrer Erwartung an die theoretische Ausbildung, daß sie «in der Krankenpflegeschule das lernen, was sie für ihre jetzige Situation als SchülerIn in der Praxis brauchen»[1]. Konkretisierungen dieser Erwartungshaltung brachten drei schriftliche Befragungen innerhalb des 1. Ausbildungsjahres hervor: Auf die offen gestellte Frage «Haben Dich Unterrichtsinhalte/ Themen für die Praxis sicherer gemacht?» wurden vom größeren Teil der SchülerInnen (zwischen 25% und 75%) behandlungsbezogene, medizinisch-technisch ausgerichtete Pflegetätigkeiten, wie beispielsweise «subkutane Injektion», «Legen der Magensonde», «Blutzucker-Abnahme», «Pneumonieprophylaxe», «Katheterisieren», «Hilfe bei der medizinischen Infusionstherapie» u. ä. angeführt, während Themen, die sich auf die Beobachtung des Patienten, auf seine Körper-, Haut- und Mundpflege sowie auf Hilfen beim Essen, Trinken und Ausscheiden bezogen, gar nicht oder von weniger als 20% der SchülerInnen genannt wurden. In einem Auswertungsgespräch nach neun Monaten Ausbildung hoben die SchülerInnen als besonders positiv hervor, daß sie «jetzt endlich wirklich neue Dinge wie Katheterisieren und Infusionstechniken gelernt haben», während vorhergegangene Themen wie «Ganzkörperwäsche» oder «Haarewaschen» bereits bekannt und deshalb von geringem Interesse gewesen seien. Gleichfalls meldeten sie am Ende des 1. Ausbildungsjahres zurück, daß die Bearbeitung des Themas «Techniken der Wundbehandlung und -pflege» zu diesem Zeitpunkt nur noch wenig Interesse hervorrufe, da man die wesentlichen Verrichtungen schon seit langem aus den praktischen Einsätzen kenne bzw. sie dort durchgeführt habe.

In der Folge wurde die Reihenfolge der Lerneinheiten des Lernbereichs I so gestaltet, daß sich von Ausbildungsbeginn an Themen, die

---

[1] Ergebnis einer schriftlichen Erhebung in der Mitte des 2. Ausbildungsjahres, nach der die SchülerInnen fünf vorgegebene Statements zu der Frage «Welchen Stellenwert nehmen die folgenden Aussagen für Dein Lernen in der Ausbildung ein?» einschätzen sollten.

auf die pflegerische Betreuung menschlicher Bedürfnisse und Aktivitäten ausgerichtet sind, mit solchen mischen, die sich auf behandlungsbezogene Pflegetechniken und -maßnahmen beziehen. Diesbezüglich sei betont, daß das Curriculum selbst keine derartige Prioritätensetzung vorgibt: die Reihenfolge der Lerneinheiten ist offen und kann flexibel je nach Schwerpunktsetzung und Interessenlage der Lehrenden und Lernenden variiert werden.

Ein weiterer, zum übergreifenden Problemkomplex gehörender Diskussionspunkt betraf die Frage, ob und in welchem Umfang Themen in das Curriculum aufzunehmen sind, die nach Ansicht einiger Lehrkräfte auf die Bearbeitung von Tätigkeiten abzielen, die primär dem ärztlichen Aufgabenbereich zuzuordnen sind (vgl. oben, S. 61). Nach Meinung dieser USUP-Gruppe sollten solche Verrichtungen, wie beispielsweise spezielle Wundbehandlungstechniken oder die venöse Blutentnahme, völlig aus dem Curriculum ausgeklammert werden, während ihnen nach Auffassung einer anderen Gruppe eine wichtige Bedeutung im Sinne pflegerischer Assistenz bei ärztlichen Aufgaben zukommt. Die Auseinandersetzungen führten zu einem Konsens, nach dem die Themen im Curriculum in einem begrenzten zeitlichen Rahmen ohne weitergehende Vertiefung erfaßt und auf die Behandlung ihres berufspolitisch-rechtlichen Problemzusammenhangs hingewiesen wurde. Dies stand in Einklang mit den Vorstellungen der SchülerInnen, die ein noch stärkeres Interesse an arztorientierten Tätigkeiten äußerten (vgl. oben, S. 35), als es bei den USUP der Fall war.

3. Ein dritter Dikussions- und Problemkomplex schlug sich in Auseinandersetzungen um die Frage nieder, welchen Stellenwert praktische Übungen in der theoretischen Ausbildung haben und welches Gewicht ihnen im Curriculum zugemessen werden soll.

Im Kreis der Unterrichtskräfte wurde auf der einen Seite argumentiert, möglichst wenig praktische Übungen einzuplanen, weil die SchülerInnen in der praktischen Ausbildung genügend Übungsmöglichkeiten hätten und weil bei einzelnen – teilweise «an der Puppe» – simulierten Übungen weder manuelle Geschicklichkeit erzielt noch Schwierigkeiten und Probleme so herausgearbeitet werden können, wie sie beim pflegerischen Handeln «am Menschen» von Bedeutung sind. Entsprechend sei die Unterrichtszeit sinnvoller durch theoretisch ausgerichtete Lernprozesse zu nutzen. Dagegen wurde von anderer Seite die besondere Bedeutung dieser Übungen hervorgehoben, da es hierbei im Gegensatz zur Praxis auf der Station möglich sei, eine Pflegehandlung in ihrem gesamten Ablauf unter verschiedenen Aspekten zu erklären bzw. detailliert darzustellen und auf Fehler und «Schludrigkeiten» hinzuweisen, die in der pflegerischen Alltagsroutine unbemerkt bleiben. Darüber hinaus seien praktische Übungen eine gute Methode, die SchülerInnen sich in die Situation des Patienten einfühlen zu lassen.

Die SchülerInnen schätzten die Bedeutung praktischer Übungen folgendermaßen ein[2]: für die Mehrheit (59%) hatten sie einen «mittelmäßigen», für 24% einen «niedrigen» und für 15% einen «hohen» Stellenwert. In Hinblick auf die Unterstützung, die ihnen praktische Übungen bieten, führten drei Viertel der Befragten an, daß sie ihnen «häufig» (35%) bzw. «manchmal» (41%) dabei helfen, Fehlerquellen im praktischen Handeln zu verringern. Von der Hälfte der SchülerInnen wurde angegeben, daß derartige Übungen «manchmal» dazu beitragen, neu erworbene Kenntnisse besser zu verstehen oder theoretisches Wissen praktisch umzusetzen. Zur Erhöhung der eigenen Sicherheit verhelfen sie jedoch nach Angaben von ebenfalls knapp 50% der Befragten «selten» (35%) oder «nie» (13%). Hinsichtlich der Befürwortung bzw. Ablehnung bestimmter praktischer Übungen ließ sich bei den Auszubildenden – wie auch bei den Lehrenden – kein übergreifendes Kriterium finden: so wurden beispielsweise Übungen zum Katheterisieren, Verband wechseln, Mobilisieren und Lagern, Reanimieren von mehr als 30% für besonders sinnvoll erachtet, während prinzipiell vergleichbare Übungen zum Absaugen, Injizieren oder Wechseln von Sekretflaschen bei der Redondrainage von ebensoviel Schülerinnen als «überflüssig» bezeichnet wurden.

Bis zum Ende der Curriculumentwicklung ließ sich kein konsensfähiger, übergreifender Maßstab für eine eindeutige Gewichtung praktischer Übungen finden. Das Problem wurde dadurch «gelöst», daß im Curriculum jene Übungen, die nach ihrer Unterrichtserprobung von der Mehrheit der Beteiligten als «sinnvoll» erachtet wurden, definitiv aufgeführt werden, während bei Themen, bei denen man sich über die Effektivität praktischer Übungen uneinig war, die Formulierung «eventuell mit Übungen» vorgenommen wird.

---

[2]   Die folgenden Ausführungen basieren auf Ergebnissen einer schriftlichen Befragung zum Ende des 2. Ausbildungsjahres.

4.2 Die Umsetzung des Curriculums in den Unterricht

Bei der Umsetzung des Curriculums in den Unterricht lassen sich zwei Problemkomplexe voneinander unterscheiden:

1. Probleme bei der organisatorischen und

2. Probleme bei der didaktisch-methodischen Umsetzung.

1. Größte Schwierigkeiten bei der organisatorischen Umsetzung des Curriculums wurden von den Unterrichtsschwestern und -pflegern zunächst dahingehend erwartet, daß FremddozentInnen nicht gezielt zu bestimmten Zeitpunkten für den Unterricht zu gewinnen seien. Traditionell war es so, daß der Stundenplan eher nach den zeitlichen Ressourcen der FremddozentInnen als nach inhaltlich-systematischen Gesichtspunkten erstellt wurde. Und selbst bei dieser Planungsform hatte es Schwierigkeiten gegeben, Lehrkräfte, wie insbesondere Ärzte, während ihres Vollzeit-Arbeitstages für den Unterricht zu engagieren.

Die tatsächlichen Probleme der DozentInnenorganisation bei der Curriculumumsetzung waren jedoch nicht größer als früher, was unter anderem auch darauf zurückgeführt werden kann, daß die nebenberuflichen Lehrkräfte aufgrund der curricularen Vorausplanung relativ frühzeitig über ihren wahrscheinlichen Unterrichtszeitpunkt informiert werden konnten.

Dennoch war nicht zu verhindern, daß Unterricht wegen aktueller Terminschwierigkeiten der DozentInnen ausfiel oder verspätet begonnen wurde. In gravierenden Fällen hatte dies dann zur Folge, daß der fächerintegrative Zusammenhang der betroffenen Lerneinheit zerrissen wurde.

Als besonders problematisch wurde es nach Rückmeldung der USUP und SchülerInnen eingeschätzt, wenn Unterricht in den medizinischen «Grundlagenfächern» entfiel und damit die Basis fehlte, auf der die krankenpflegerischen Aspekte bearbeitet werden sollten.

Insgesamt wurden diese Probleme jedoch von den Beteiligten als das «kleinere Übel» im Vergleich zu der früher praktizierten, wenig systematischen, primär von Außenbedingungen (zeitliche Verfügbarkeit der DozentInnen) abhängigen Ausbildungsgestaltung betrachtet.

Ein weiterer Diskussionspunkt der organisatorischen Umsetzung des Curriculums betraf die Rekrutierung der DozentInnen. Intensiv wurde von den USUP folgende Frage thematisiert: Sollen zur Bearbeitung spezieller Themen, wie beispielsweise «Nieren-Transplantation», «Bundessozialhilfe-Gesetz», «Selbsthilfegruppen Krebskranker», «Experten» hinzugezogen werden? Von der einen Seite wurde dies mit dem Argument befürwortet, daß diese Personen aufgrund ihrer Kenntnisse und Erfahrungen in dem jeweiligen Spezialgebiet zu spezifischen SchülerInnen-Fragen konkret Stellung beziehen und damit den Unterricht besonders anschaulich gestalten könnten. Von der anderen Seite wurde eine ablehnende Haltung damit begründet, daß «Experten» Detailprobleme zu sehr in den Vordergrund stellen würden und daß es sinnvoller sei, die SchülerInnen von möglichst wenig FremddozentInnen unterrichten zu lassen: je mehr Spezialisten sich an der Ausbildung beteiligen, desto mehr Unruhe und Diskontinuität entstehe.

Während sich die USUP nicht auf einen gemeinsamen Nenner einigen konnten, ergab sich bei den SchülerInnen eine relativ eindeutige Einschätzung: In einer Befragung zu Beginn des 3. Ausbildungsjahres sollten sie sechs vorgegebene Statements zu dem Problem «Besuch von Selbsthilfegruppen-Vertretern oder anderen ‹Experten› im Unterricht» einschätzen. 76% antworteten, «grundsätzlich finde ich so etwas sinnvoll», 71% gaben an, «der Unterricht wird dadurch praxisbezogener», und 58% meinten, «der Unterricht macht mehr Spaß». Nur jeweils 5% äußerten, daß der Unterricht zu speziell würde, sich zu einem Vortrag entwickle und daß dieses Vorgehen grundsätzlich nicht als sinnvoll zu erachten sei.

Im Curriculum wird auf das Problem der Einbeziehung von «Experten» in der Form eingegangen, daß entsprechende Vorschläge unterbreitet werden, über deren Realisierung jeweils von der Lehr-Lern-Gruppe zu entscheiden ist.

2. Die ursprünglich geplante Beobachtung der didaktisch-methodischen Umsetzung des Curriculums durch Unterrichtshospitationen und eine Auswertung der Unterrichtsmaterialien war nicht möglich: ersteres scheiterte an der Ablehnung der USUP, für letzteres waren nicht genügend zeitliche Ressourcen vorhanden. So kann in diesem Abschnitt lediglich auf einige punktuelle Rückmeldungen der Lehrenden, im wesentlichen jedoch auf Ergebnisse der SchülerInnen-Befragungen zurückgegriffen werden.

Die Unterrichtsschwestern und -pfleger sahen sich insbesondere mit dem Problem der inhaltlichen Abgrenzung zwischen naturwissenschaftlich-medizinischem und krankenpflegerischem Unterricht konfrontiert. Diese – bereits bei der inhaltlichen Konkretisierung der Lerneinheiten häufig aufgetretene – Schwierigkeit äußerte sich darin, daß im Fach Krankenpflege oftmals Aspekte aufgegriffen wurden, die bereits in den medizinisch-naturwissenschaftlichen Fächern bearbeitet worden waren und somit als Wiederholung nicht immer auf das ungeteilte Interesse der SchülerInnen stießen.

Die Ursachen dieses Problems werden weniger in dem fächerintegrativen Prinzip des Curriculums gesehen. Dieses läßt lediglich deutlich hervortreten, was als grundlegendes Defizit bereits mehrmals angeführt wurde und dem auch in diesem Kontext eine zentrale Bedeutung zugeschrieben wird: dem Mangel an eigenständigem krankenpflegerischem Wissen *«für das Lehren und Lernen in der Krankenpflege»* (SCHRÖCK, 1989).

Diesem Problem lassen sich folgende Rückmeldungen der SchülerInnen zuordnen: Zunächst wurde ihnen in der Mitte des 2. Ausbildungsjahres die offene Frage gestellt, in welchen Fächern sie im wesentlichen die Möglichkeit erhalten a) Faktenwissen zu erwerben, b) Zusammenhänge zu verstehen, c) Wissen anzuwenden und d) Problemfälle beispielhaft zu analysieren. Der «Vermittlung von Faktenwissen» ordneten 62% der SchülerInnen medizinisch-naturwissenschaftliche Fächer zu, während nur 4% das Fach «Krankenpflege» anführten. Ähnlich sah es bei der «Erklärung von Zusammenhängen» aus: hier wurde von 82% der Befragten das Fach «Innere Medizin» und von 55% das Fach «Chirurgie», jedoch nur von 20% das Fach «Krankenpflege» genannt. Bei der «Anwendung von Wissen» und der «Analyse von Problemfällen» kam hingegen dem Fach «Krankenpflege» eine wichtige Bedeutung zu: dem ersten Aspekt wurde es von 62%, dem zweiten von 29% der SchülerInnen zugeordnet.

Einige Wochen später wurden die SchülerInnen mit der Frage nach dem Stellenwert, den diese Vermittlungsformen für sie einnehmen, konfrontiert. Hierbei ergab sich, daß die «Erklärung von Zusammenhängen» im Durchschnitt an erster, die «Vermittlung von Faktenwissen» an zweiter, die «Anwendung von Wissen» an dritter und die «Analyse von Problemfällen und Fallbeispielen» an vierter Stelle stand.

Die hohe Einschätzung der medizinisch-naturwissenschaftlichen Fächer wurde darüber hinaus durch Angaben der SchülerInnen verstärkt, nach denen diesen Fächern ein besonderer Bezug zur krankenpflegerischen Praxis zugeschrieben wurde. So wurden beispielsweise auf die Frage «Welche Themen haben Dir für Deine Tätigkeit als Krankenpflegekraft etwas ‹gebracht›?» von durchschnittlich drei Viertel der SchülerInnen medizinische Themen, jedoch nur von knapp der Hälfte krankenpflegerische Themen genannt[3]. Abschließend sei angemerkt, daß die – mit den Untersuchungsbefunden von PINDING u.a. (1972; vgl. oben, S. 35) übereinstimmende – relativ niedrige Einschätzung des krankenpflegerischen Unterrichts nicht mit der Erwartungshaltung der SchülerInnen übereinstimmte: so äußerte die Mehrheit von ihnen, daß das Fach Krankenpflege «eigentlich das wichtigste Fach sein sollte» und war enttäuscht, daß eine entsprechend fundierte und anspruchsvolle Umsetzung fehlte[4].

Ein weiterer Aspekt, der von den SchülerInnen als Vorteil des Curriculums eingeschätzt wurde, ging gleichfalls mit Problemen einher: Bei der Befragung am Ausbildungsende bewerteten die SchülerInnen es als besonders positiv, daß das Curriculum nicht nur für die Lehrenden, sondern auch für sie einen «roten Faden» darstelle. Die Hälfte der SchülerInnen gab an, daß ihnen dieser Leitfaden die Möglichkeit biete, die Lehrkräfte bei inhaltlichen Abweichungen oder Unterlassungen auf die curricularen Schwerpunkte hinzuweisen. Diese Möglichkeit muß jedoch nicht immer zum gewünschten Erfolg geführt haben, denn nach Angaben von ebenfalls ca. 50% der SchülerInnen wurde es als zentrales Problem erachtet, daß sich die Lehrkräfte nicht an das Curriculum hielten und dadurch insbesondere die – von den SchülerInnen als sinnvoll bewertete – zusammenhängende Bearbeitung der verschiedenen Aspekte einer Lerneinheit in Gefahr geriete.
Diese Aussagen entsprachen einerseits den Beobachtungen der Verfasserin, die sie bei Einzelbesprechungen insbesondere mit FremddozentInnen gemacht hatte: Häufig hatten diese primär die Systematik und spezifischen Detailaspekte ihres Fachgebietes sowie deren entsprechende unterrichtliche Darstellung im Blickwinkel, so daß es intensiver Überlegungen bedurfte, diese Vorstellungen in bezug zu pflegerelevanten Gesichtspunkten aufzuarbeiten. Wenn dies auch auf curricularer Ebene möglich war, blieb dennoch zu befürchten, daß es

---

[3] Ergebnis der schriftlichen Befragung in der Mitte des 2. Ausbildungsjahres. In dem zuvor durchgeführten Auswertungsgespräch wurde von einigen SchülerInnen darauf hingewiesen, daß der Unterricht bei den Ärzten deshalb praxisbezogener sei, weil sie im Gegensatz zu den USUP in der Praxis «drinstecken».
[4] Ergebnis der schriftlichen Befragung Mitte des 2. Ausbildungsjahres mit offenen Kommentaren zu der Frage: «Wie wichtig ist für Dich das Fach ‹Krankenpflege›?».

auf unterrichtspraktischer Ebene zu jenen fachspezifischen Exkursen kommt, die die SchülerInnen unter anderem kritisierten.

Andererseits mag die Unzufriedenheit über die Umsetzung des Curriculums damit zusammenhängen, daß die curricularen Formulierungen bei den SchülerInnen eine hohe Erwartungshaltung hervorriefen, die über die Unterrichtsmöglichkeiten hinausging. Die Aussage einer Schülerin mag dies verdeutlichen: «Wenn ich am Anfang des Unterrichtsblocks das Curriculum für den Block bekam, war ich oft hellauf begeistert. Gute Themen, die da bearbeitet werden sollen. Am Ende des Blockes war ich dann ganz enttäuscht über das Bißchen, was da letztlich herausgekommen ist.»

Inwieweit diese Enttäuschung auf didaktisch-methodische Schwierigkeiten seitens der Lehrkräfte oder auf überhöhte Erwartungen seitens der SchülerInnen zurückzuführen ist, konnte im Rahmen dieser Arbeit nicht geklärt werden. Resümierend sei die Vermutung aufgestellt, daß die aufklärende Wirkung des Curriculums bei den SchülerInnen zu intensiveren oder/und offener vorgetragenen Unzufriedenheiten geführt haben dürfte, als es der Fall gewesen wäre, wenn sie keine Informationen über die geplante Unterrichtsgestaltung erhalten hätten.

4.3 Schwierigkeiten während des curricularen Entwicklungsprozesses

Die Beobachtungen und Erfahrungen bezüglich des curricularen Entwicklungsprozesses sollen unter jenen Gesichtspunkten zusammengefaßt werden, die im 1. Kapitel aus der Analyse der Ausbildungssituation geschlußfolgert wurden (vgl. oben, S. 70 f.).

1. Konflikte aufgrund curricularer Innovationen einerseits und traditioneller Ausbildungsstrukturen und -vorstellungen andererseits:

Wenn auch alle Unterrichtsschwestern/pfleger Interesse an der Entwicklung des Curriculums hatten, so waren sie doch von den damit einhergehenden – zu erwartenden oder tatsächlichen – Veränderungen in unterschiedlich starkem Maß betroffen bzw. belastet.

Besonders belastend wurden die Veränderungen von jenen USUP empfunden, die schon länger an der Krankenpflegeschule unterrichteten und in deren Strukturen und Vorgehensweisen relativ fest eingebunden waren. Rückblickend wurde von dieser Gruppe angegeben, es sei für sie insbesondere in den ersten beiden Jahren der Curriculumentwicklung das zentrale Problem gewesen, daß sie einerseits wußten, daß «vieles anders wird», andererseits sich nicht vorstellen konnten, «was konkret anders werden soll». Ihnen fehlte der Einblick in den Gesamtaufbau und -zusammenhang des Curriculums, teilweise war ihnen der Sinn der angestrebten oder realisierten Veränderungen nicht einsichtig, und darüber hinaus «ging alles viel zu schnell». Dieser Zustand bewirkte Unsicherheit, Unzufriedenheit und Zweifel an der tatsächlichen Effektivität des Projektes. Im nachhinein hätten sie sich gewünscht, daß die Entwicklung des Curriculums nicht wie praktiziert mit seiner Umsetzung in den Unterricht einhergelaufen wäre, sondern daß diese Umsetzung erst nach der Fertigstellung des endgültigen Produkts erfolgte.

Für sie war es besonders schwierig, von alten Denk- und Strukturierungsmustern, wie beispielsweise dem fachsystematischen Aufbau der Ausbildung, zugunsten der neuen Gestaltungsvorstellungen Abstand zu nehmen. Dies wurde für sie um so problematischer, je mehr es die Veränderung eigener, bereits erprobter und als sinnvoll empfundener Unterrichtsentwürfe betraf.

Von einer anderen, in der Regel weniger lange an der Krankenpflegeschule beschäftigten Gruppe wurden die Bedenken, Befürchtungen und Unsicherheiten der ersten Gruppe kaum geteilt. Für sie bedeutete Curriculumentwicklung nicht nur, «endlich die Unterrichtsplanung nicht mehr aus den alten Klassenbüchern abschreiben zu müssen» (Aussage einer Unterrichtsschwester), sondern gleichfalls eine Vielzahl von Vorschlägen zur Veränderung der gesamten theoretischen Ausbildung einbringen zu können. Diese reichten von Forderungen nach vermehrter Durchführung von Unterrichtsprojekten und praktischem Unterricht am Krankenbett bis hin zu Überlegungen, Leistungskontrollen einschließlich der Zwischen- und Endprüfung grundlegend anders zu gestalten. Die curricularen Veränderungen wurden von ihnen weniger als Belastung, sondern vielmehr als Herausforderung empfunden.

Beide Gruppen standen während der gesamten Zeit der Curriculumentwicklung in einem mehr oder weniger intensiven Spannungsverhältnis. Die eine Gruppe warf der anderen vor, sie fühle sich durch deren

Bestrebungen, «alles und jedes verändern zu wollen», überrollt und in ihren Erfahrungen nicht ernst genommen. Die andere Gruppe hingegen warf der ersten vor, sie sei zu sehr in alten Traditionen verhaftet und wolle die angestrebten Veränderungen gar nicht bzw. behindere sie sogar. Die teilweise hohe Emotionalität, mit der die Kontroversen zwischen beiden Gruppen geführt wurden, ließ die Vermutung aufkommen, daß die Curriculumentwicklung Anlaß war, bereits früher im Kollegium entstandene Beziehungskonflikte auszutragen.

In der Konsequenz bewirkten die Auseinandersetzungen eine verstärkte Konzentration auf ausschließlich jene Innovationsbestrebungen, die Ausgangspunkt der Curriculumentwicklung waren: die inhaltlich-strukturelle Neugestaltung der Ausbildung. Damit verknüpfbare Veränderungen, die beispielsweise auf stärker projektorientierten Unterricht hinausgelaufen wären, wurden wegen der zusätzlichen Belastungen, die sie bei den Projektbeteiligten hervorgerufen hätten, kaum weiter berücksichtigt.

2. Kooperationsprobleme zwischen Verfasserin und Lehrkräften aufgrund eines unterschiedlichen erziehungswissenschaftlichen Kenntnis- und Reflexionsstandes:

Eine Diskussion, die mit der in der didaktisch-curriculumtheoretischen Literatur veröffentlichten vergleichbar gewesen wäre, fand kaum statt. Das heißt, grundlegende Entscheidungen, wie z.B. die der Fächerintegration, die der offenen, auf operationalisierte Lernziele verzichtenden Konstruktion sowie die Orientierung an ausgewählten curriculumtheoretischen Ansätzen wurden im wesentlichen von der Verfasserin dargestellt und ohne maßgebliche Gegenargumente akzeptiert.

Probleme ergaben sich hingegen an solchen Punkten, bei denen sich die Verfasserin nach Ansicht der Unterrichtsschwestern/pfleger zu stark in deren Entscheidungs- und Handlungsspielraum begab oder Erfahrungswerte zu sehr in Frage stellte. Dieses spiegelte sich beispielsweise in der Ablehnung der geplanten Unterrichtshospitationen wider. Oder es äußerte sich in Ärger darüber, daß bei ersten Versuchen der inhaltlichen Ausgestaltung der Lerneinheiten von der Verfasserin allein mit Hilfe von Literatur relativ detaillierte Vorschläge erarbeitet wurden, ohne daß die Betroffenen beteiligt wurden.

Bei der Erstellung der neuen fächerintegrativen Lerneinheiten lag ein erhebliches Konfliktpotential darin, daß die USUP nicht nur die von

ihnen in früheren Zeiten erarbeiteten und erprobten Unterrichtsentwürfe, sondern auch sich selbst und ihre Erfahrungen in Frage gestellt
sahen.

Der jedoch schwerwiegendste Reibungspunkt lag im unterschiedlichen Verständnis über das Verhältnis zu den SchülerInnen sowie über
die Berücksichtigung ihrer Interessen, Bedürfnisse und Kritik an der
Ausbildungsgestaltung. Hier stießen Vorstellungen von Schülermit-
bestimmung mit solchen von lehrerzentrierter Unterrichtsplanung
und -durchführung zusammen. Oder mit anderen Worten: auf der
einen Seite standen von Ausbildungsreglementierungen losgelöste
pädagogische Zielpostulate, auf der anderen Seite Vorstellungen, die
durch alltägliche Unterrichtszwänge und -probleme sowie vorgegebene Ausbildungserfordernisse geprägt waren. Beide Positionen gerieten insbesondere am Anfang der Curriculumentwicklung in Auseinandersetzung. Von einem bestimmten Zeitpunkt an, an dem sie gegenseitig als unverrückbar und gleichzeitig unvereinbar erkannt
wurden, wurde dann von beiden Seiten versucht, sie aus der Diskussion auszuklammern – wiederum zugunsten der Konzentration auf
inhaltlich-strukturelle Fragen. Trotz dieser «Harmoniebestrebungen»
war es letztendlich nicht möglich, die Kontroverse vollständig aus dem
Entwicklungsprozeß fernzuhalten. In diesem Zusammenhang spiel-
ten die von der Verfasserin initiierten und durchgeführten SchülerIn-
nenbefragungen eine besondere Rolle. Rückblickend liegt die Vermutung nahe, daß die in ihnen enthaltene, von den Lernenden geäußerte
Kritik gleichsam mit der Person der Verfasserin identifiziert wurde.
Die negativen Rückmeldungen bewirkten bei den USUP nicht nur auf
die SchülerInnen bezogene Betroffenheit, sondern gingen mit Irrita-
tion und Befangenheit auch gegenüber der Verfasserin einher. In der
Folge wurden zwei der ursprünglich geplanten Befragungen unterlas-
sen, da von ihnen eine zu starke Beeinträchtigung des gemeinsamen
Arbeitsklimas erwartet wurde. Insgesamt stellten die angeführten
Reibungen über einige Strecken der Entwicklungsarbeit eine hohe
emotionale Belastung für alle Beteiligten dar.

**3. Schwierigkeiten hinsichtlich einer aktiven und demokratischen
Partizipation der Lernenden:**

Wie aus den Ausführungen zur konzeptionellen Entwicklung des Curriculums zu entnehmen ist, lag der zentrale Entscheidungs- und Ver-
antwortungsbereich der Curriculumentwicklung seitens der Praktiker

bei den krankenpflegerischen Lehrkräften. Gestaltungsvorschläge der Lernenden flossen nur indirekt über deren Rückmeldungen ein. Das heißt, entsprechend den bereits am Ende des 1. Kapitels formulierten Vermutungen war eine gleichberechtigte Partizipation aller Beteiligten nicht in der ursprünglich angestrebten Form realisierbar (vgl. oben, S. 71, 100f.). Zum einen spielte das traditionell gewachsene Über- und Unterordnungsverhältnis zwischen Ausbildenden und Auszubildenden eine zentrale Rolle: Eine gleichberechtigte Beteiligung der SchülerInnen, so die Argumentation der USUP, sei nicht erwünscht und auch nicht realisierbar, da ihnen der Gesamtüberblick sowie die Einschätzung und das Verständnis für die Ausbildungserfordernisse fehle. Zum andern waren die SchülerInnen sowohl während der theoretischen als auch der praktischen Ausbildung zeitlich und persönlich so eingebunden, daß Freiräume oder Ressourcen für eine intensivere Mitarbeit kaum vorhanden waren. Entsprechend wurden von ihnen kaum Forderungen nach einer aktiveren Beteiligung an der Curriculumentwicklung artikuliert bzw. stellte ihre relativ passive Rolle wenig Anlaß zur Kritik dar – abgesehen von vereinzelten Äußerungen, nach denen man sich wie ein «Versuchskaninchen» fühle.

Somit läßt sich resümieren, daß das Interesse an einer stärkeren Beteiligung der SchülerInnen im wesentlichen nur im «pädagogischen Vorstellungs-Horizont» der Verfasserin lag. Dabei ist es im nachhinein fraglich, ob eine aktivere Mitarbeit der SchülerInnen nicht letztendlich die personellen und zeitlichen Ressourcen des Projektes überstiegen hätten. Allein die Rückmeldungen der SchülerInnen verursachten erhebliche Reibungen, die wiederum mit einer erhöhten emotionalen und zeitlichen Belastung aller Beteiligten einhergingen. Die SchülerInnen nutzten die Befragungen im Verlauf der Ausbildung zunehmend dazu, negative Kritik an der gesamten Ausbildung auszuüben, während eine sachliche, argumentativ begründete und konstruktive Auseinandersetzung mit der Struktur und den Inhalten des Curriculums in den Hintergrund trat. Die bereits in diesem Zusammenhang hervorgerufenen Konflikte hätten sich vermutlich bei einer noch intensiveren Einbeziehung der SchülerInnen verstärkt und zu einer Überforderung aller Beteiligten geführt.

4.4 Schlußfolgerungen: Der Beitrag eines Curriculums zur Verbesserung der Krankenpflegeausbildung

Abschließend soll der Versuch unternommen werden, die Möglichkeiten und Grenzen des Curriculums in Hinblick auf eine Verbesserung der Ausbildung einzuschätzen.

Aus den gewonnenen Erfahrungen und Beobachtungen lassen sich Thesen ableiten, nach denen dem Curriculum folgendes innovatives Potential zugeschrieben wird:

– Die Einführung und Umsetzung des Curriculums an einer Krankenpflegeschule dürfte – ähnlich wie seine praxisbezogene Entwicklung – zu Diskussionen anregen, in denen die Lehrkräfte ihre Ausbildungsvorstellungen artikulieren und gegenseitig vertreten müssen. Ein solcher Argumentationsprozeß beinhaltet Möglichkeiten, Traditionen zu hinterfragen und aufzubrechen sowie neue Ansätze einzubringen.

– Das Curriculum bietet den Unterrichtsschwestern und -pflegern eine Grundlage zur Planung und Strukturierung der theoretischen Ausbildung. Die Möglichkeit, von dieser Basis aus die Ausbildung eigenständig und überschaubar zu gestalten, dürfte von jenen USUP als positive Veränderung bewertet werden, die bemängeln, daß Unterricht bislang eher vom Zufall, von zeitlichen Ressourcen der FremddozentInnen oder schlecht nachvollziehbaren «Klassenbuch-Traditionen» abhängig sei.

– Das Curriculum enthält einen Orientierungsrahmen, der insbesondere den FremddozentInnen helfen kann, sich bei der Vielfalt möglicher fach(wissenschaft)licher Details auf jene Aspekte zu konzentrieren, die in bezug zu pflegerischen Qualifikationen oder Handlungssituationen stehen. Das heißt, es setzt Unsicherheiten bzw. der häufig von FremddozentInnen geäußerten Frage, «was denn für den Schwesternunterricht wichtig sei», konkrete Anhaltspunkte und Strukturierungshilfen entgegen. Gleichzeitig bietet es die Möglichkeit, Unterrichtsschwerpunkte definitv und verbindlich untereinander zu verteilen und so der Gefahr entgegenzuwirken, daß die Lehrkräfte ausschließlich nach ihren Vorlieben, Spezialkenntnissen und Interessenschwerpunkten vorgehen.

142

– Das fächerintegrative Prinzip des Curriculums ermöglicht es, daß die SchülerInnen nicht wie bislang mit voneinander losgelöstem fachwissenschaftlichen Wissen einerseits und praktischen Pflegeanweisungen andererseits konfrontiert werden. Das mehrperspektivische, auf pflegerische Fragen und Probleme ausgerichtete Vorgehen beinhaltet nach Rückmeldung der SchülerInnen die Chance, daß sie – im Gegensatz zur praktischen Ausbildung – zumindest theoretisch eine Vorstellung davon erwerben, unter welchen verschiedenen Aspekten die Pflege eines Patienten betrachtet werden kann und wie «ganzheitliche Pflege» aussehen könnte.

– Wenn den SchülerInnen das Curriculum zur Verfügung gestellt wird, dann kann es dazu beitragen, daß diese sich bewußter, gezielter und kritischer mit ihrer Ausbildung auseinandersetzen, als es der Fall ist, wenn sie keine oder kaum Informationen über ihren Ausbildungsverlauf erhalten. Darüber hinaus wird vermutet, daß durch eine entsprechend schülerorientierte Umsetzung des Lernbereichs «Zur Situation des/der Krankenpflegeschülers/in...» die Wahrscheinlichkeit erhöht wird, die SchülerInnen genauer über ihre Rechte und Pflichten aufzuklären und zur Reflexion ihrer Situation anzuregen als es traditionell – ohne diesen Lernbereich – praktiziert wurde.

– Letztlich besteht die Hoffnung, daß der Teil I dieser Arbeit Unterrichts- und Krankenpflegekräften Anregungen bietet, Fragen der Ausbildung nicht nur unter dem Aspekt der pflegerischen Qualifizierung zu betrachten, sondern aus einer bislang in der krankenpflegerischen Literatur kaum vorzufindenden erziehungswissenschaftlichen Perspektive zu beleuchten.

Die Vorstellung hingegen, daß durch ein Curriculum eine *«völlig neue Pflegeausbildung»* (FRANKFURTER RUNDSCHAU vom 30. 6. 1990) oder ein *«eigenständiger Beruf»* (HESSISCH-NIEDERSÄCHSISCHE ALLGEMEINE vom 29. 6. 1990)[5] erreicht werden kann, wird hier nicht geteilt. Diesbezüglich weist das krankenpflegerische Ausbildungsfeld Probleme und Rahmenbedingungen auf (vgl. oben, Kap. 1), die nicht allein durch curriculare Bemühungen zu lösen bzw. zu verändern sind. In diesem Sinne seien hier beispielhaft einige Überlegungen und Beobachtungen zur Diskussion gestellt, die einer

[5] Es handelt sich hierbei um Titelausschnitte zweier – inhaltlich identischer – Artikel zum Erscheinen des «HESSISCHEN CURRICULUMS» (DBfK 1990).

übertriebenen, die historisch-gesellschaftlich gegebenen Rahmenbedingungen übersehenden Einschätzung der Innovationskraft eines Curriculums entgegenstehen:

– Solange die Fragen von KrankenpflegeschülerInnen im wesentlichen nur auf der Grundlage medizinisch-naturwissenschaftlicher Erkenntnisse beantwortet werden können, kann die Erwartung, über Ausbildung das Handeln der zukünftigen Schwestern und Pfleger von medizinisch-naturwissenschaftlichen Vorstellungen zu lösen (vgl. z. B. STEPPE 1989, 255), kaum realisiert werden.

– Der in den Grundannahmen der patientenorientierten Pflegetheorien formulierten Vorstellung, *«der Mensch ist ein komplexes biopsychosoziales Wesen»* (ebd.), steht eine gesetzlich vorgegebene Verteilung von Aussbildungsstunden entgegen, die darauf hinausläuft, daß sich die SchülerInnen primär mit den biologischen Aspekten des Mensch- bzw. Krankseins auseinandersetzen. Der theoretisch denkbaren Möglichkeit, das «biopsychosoziale» Menschenbild im Fach «Krankenpflege» in den Vordergrund zu stellen, dürfte zuwiderlaufen, daß die USUP einerseits kaum Erfahrungen in der Umsetzung patientenorientierter Pflegemodelle gesammelt haben und daß sie andererseits nicht auf einer Fachdidaktik aufbauen können, die ihnen beispielsweise Hilfen bietet, Pflege im Unterricht als beratende, professionell kommunizierende, gesundheitspolitisch-präventiv aktive Tätigkeit zu thematisieren.

– Wenn in der theoretischen Ausbildung versucht wird, die SchülerInnen gemäß den Grundannahmen der patientenorientierten Pflege zu qualifizieren, so steht dies in starkem Widerspruch zu ihren praktischen Erfahrungen und Handlungsmöglichkeiten: Wie soll eine Schülerin, die zwei Drittel ihrer Ausbildungszeit als Arbeitskraft auf Stationen eingesetzt ist, auf denen beispielsweise 30 Patienten von 2 ausgebildeten und 3 lernenden Pflegekräften zu versorgen sind, Vorstellungen ganzheitlicher Pflege verwirklichen? Wie soll sie geistig-seelische Betreuungsmaßnahmen in einem Umfeld in den Vordergrund stellen, in dem medizinisch-naturwissenschaftlichen und technischen Behandlungsmethoden der Heilungserfolg und die Anerkennung zugeschrieben wird? Wie soll sie, als unteres Glied in der Krankenhaushierarchie, ihre theoretisch erworbenen Kenntnisse ohne Anleitung realisieren oder gegenüber Pflegepersonal und Ärzten vertreten, die davon noch nie etwas gehört haben?

Unter diesen Bedingungen erscheint die Gefahr, durch hohe patientenorientierte Ausbildungsansprüche Unsicherheit, individualisierte Schuldgefühle und letztendlich eine ablehnende Haltung gegenüber den ganzheitlichen Postulaten bei den SchülerInnen zu erzeugen, noch höher, als es die Erfahrungen ausgebildeter Krankenpflegekräfte nahelegen (vgl. oben, S. 43).

– Die Vorstellung, allein über eine inhaltlich-strukturelle Neugestaltung die Ausbildung als komplexen Lern- und Sozialisationsprozeß zu verändern, ist verkürzt. Es ist davon auszugehen, daß in der beruflichen Ausbildung jener «heimliche Lehrplan», den beispielsweise MEYER (1989, 289 ff.) für die allgemeinbildenden Schulen beschreibt, fortgesetzt – wenn nicht intensiviert wird (vgl. VOIGT 1977, 161 ff.). So ist beispielsweise davon auszugehen, daß der hohe Einsatz von pädagogisch nicht qualifizierten, nebenberuflichen Lehrkräften (vgl. WANNER 1987, 108), die «Verkehrsformen im Unterricht» (MEYER 1989, 279 ff.) sowie die Prüfungsmodalitäten zur Förderung von Verhaltensweisen, Einstellungen und Handlungsstrategien beitragen können, die den Vorstellungen von einer selbst- und mitbestimmungsfähigen, solidarisch handelnden Krankenpflegekraft zuwiderlaufen.

– Wenn der DEUTSCHE BILDUNGSRAT (1974) formuliert, daß eine Innovation des Unterrichtsalltags nur möglich ist, indem Curriculumentwicklung und -umsetzung mit einer kontinuierlichen Lehrerfortbildung einhergehen (vgl. ebd., 28, A60ff.), so sind auch aus diesem Blickwinkel Probleme zu erkennen: Neben der ohnehin schwierigen beruflichen Situation der USUP (vgl. oben, S. 44ff.) ist von solchen Fortbildungsmöglichkeiten zur Zeit nicht auszugehen.

Solange diese Bedingungen und Probleme der Krankenpflegeausbildung nicht verändert bzw. gelöst werden, kann nicht von einer grundlegenden Ausbildungsverbesserung gesprochen werden. Ein Curriculum wie dieses ist dabei als Teilstück eines anzustrebenden und gleichfalls sehr umfassenden Innovationsprozesses zu sehen.

Literaturangaben: Teil I

Bücher, Aufsätze und Berichte[1]

AGGLETON, P./CHALMERS, H.: Pflegemodelle und Pflegeprozeß, in: DKZ 5/1989 (Beilage)

ALBRECHT, H./BÜCHNER, E./ENGELKE, D. R.: Arbeitsmarkt und Arbeitsbedingungen des Pflegepersonals in Berliner Krankenhäusern – Analysen und Maßnahmenvorschläge, Berlin 1982

ARBEITSGRUPPE BILDUNGSBERICHT AM MAX-PLANCK-INSTITUT FÜR BILDUNGSFORSCHUNG: Das Bildungswesen in der Bundesrepublik Deutschland – Ein Überblick für Eltern, Lehrer und Schüler, Reinbek bei Hamburg 1990

ARBEITSGRUPPE «FACHBERUFE DES GESUNDHEITSWESENS» DER SOZIALDEMOKRATEN: Thesen zur Situation der Krankenpflege, in: RECOM MONITOR 1/1989, S. 4ff.

BAETHGE, M.: Die Bildungspolitik der unternehmerischen Wirtschaftsverbände, in: Die Deutsche Berufs- und Fachschule 6/1969, S. 403ff.

BARTHOLOMEYCZIK, S.: Krankenpflege und Weiblichkeit, in: DKZ 5/1983, S. 253ff.

---

[1] Abkürzungen:

- DDS = Die Deutsche Schule
- DKZ = Deutsche Krankenpflege-Zeitschrift
- WPB = Westermanns Pädagogische Beiträge
- ZfPäd = Zeitschrift für Pädagogik

BARTHOLOMEYCZIK, S.: Krankenhausstruktur, Streß und Verhalten gegenüber den Patienten – Teil 2: Ergebnisse, Berlin 1981

BARTHOLOMEYCZIK, S.: Arbeitsbedingungen und Gesundheitsstörungen bei Krankenschwestern – Ergebnisse einer Untersuchung, in: DKZ 1/1987 (Beilage)

BÄUML, I.: Gezielte Schüleranleitung auf Station – Wunschtraum oder Wirklichkeit? in: DKZ 1/1985, S. 42 ff.

BÄUML-ROSSNAGL, M.-A./BÄUML, I.: Didaktik des Krankenpflegeunterrichts – Theoretische Grundlagen und praktische Beispiele, München/Wien/Baltimore 1981

BESKE, F. (Hg.): Lehrbuch für Krankenpflegeberufe – Band I und Band II, Stuttgart/New York 1986

BISCHOFF, C. u. v. a.: Diskussionsgrundlage für die inhaltliche Ausgestaltung des Studiengangs «Lehrkräfte der Krankenpflege» – Themenkatalog Krankenpflege, Berlin 1977

BISCHOFF, C.: Frauen in der Krankenpflege – Zur Entwicklung von Frauenrolle und Frauenberufstätigkeit im 19. und 20. Jahrhundert, Frankfurt/New York 1984

BLANKERTZ, H.: Berufsbildung und Utilitarismus, Düsseldorf 1963

BLANKERTZ, H.: Curriculumforschung – Strategien, Strukturierung, Konstruktion; unter Mitarbeit von: A. KELL, H. LANGE, G. THOMA, H.-J. KAISER, P. MENCK, D. LENZEN, Essen 1974

BLANKERTZ, H.: Handlungsrelevanz pädagogischer Theorie – Selbstkritik und Perspektive der Erziehungswissenschaft am Ausgang der Bildungsreform, in: ZfPäd 1978, S. 171 ff.

BLANKERTZ, H.: Theorien und Modelle der Didaktik, München 1980 (11. Aufl., unveränd. Nachdruck der neubearb. und erw. 9. Aufl. 1975, 1. Aufl. 1969)

BLANKERTZ, H.: Die Geschichte der Pädagogik – Von der Aufklärung bis zur Gegenwart, Wetzlar 1982

148

BLOOM, B. S. (Hg.) u. a.: Taxonomie von Lernzielen im kognitiven Bereich, Weinheim/Basel 1976 (5. Aufl. dt., am. 1956)

BÖGEMANN, E./DIELMANN, G./STIEGLER, I.: Ein Beitrag zu einer Fachdidaktik Pflege – das «Duisburger Modell», in: Pflege, Band 1, 1989, Heft 1, S. 16 ff.

BÖHME, H.: Das Recht des Krankenpflegepersonals – Teil II: Haftungsrecht, Stuttgart 1984

BRAUN, U./SEYDEL, F.: Was tun, wenn's «brennt»? Eine Orientierungshilfe für die «burnout»-Diskussion, in: OPPL, H./WEBER-FALKENSAMMER, H. (Hg.): «Ganzheitliche» Arbeit im Gesundheitswesen – Band 3, Frankfurt/Berlin/München 1986, S. 56 ff.

BUDDE, B.: Die Stellung der Unterrichtsschwester/des Unterrichtspflegers im Krankenhaus, in: DKZ 9/1988 (Beilage), S. 16 ff.

BÜHLER, R./FRANZ, R./KÜBLER, M./PLATZ, R.: Wirklichkeitsschock – Möglichkeiten zur Vorbeugung durch Schule und Praxis, in: Die Schwester/Der Pfleger 1/1982, S. 62 ff.

BURGER, A./SEIDENSPINNER, G.: Berufliche Ausbildung als Sozialisationsprozeß, München 1979

BURISCH, M.: Das Burnout-Syndrom – Was es ist, woher es kommt, und was man dagegen tun kann, in: DKZ 10/1987 (Beilage)

CLAUSS, H./JUNGEN, I./MÜHLBERG, W./DOMBROWSKI, M.: Gedanken zur Konzeption der Ausbildung zur Krankenschwester/zum Krankenpfleger, in: DKZ 12/1989, (Beilage) S. 17 ff.

CORNELIUS, A. u. a.: Rollen-Konflikte im Krankenhaus, in: Die Schwester/Der Pfleger 5/1980, S. 354 ff.

CORWIN, R. G.: Krankenschwestern im Rollenkonflikt, in: LUCKMANN, T./SPRONDEL, W. M. (Hg.): Berufssoziologie, Köln 1972

v. CUBE, F.: Die kybernetisch-informationstheoretische Didaktik, in: WPB 3/1980, S. 123 ff.

DÄTWYLER, B./LÄDDRACH, U.: Professionalisierung der Krankenpflege – Zur Entwicklung der Berufskrankenpflege in der Schweiz –, Basel 1987

DBfK (Hg.): Hessisches Curriculum Krankenpflege – 1. Ausbildungsabschnitt – im Auftrag des Hessischen Sozialministeriums, Frankfurt a. M. 1990

DEUTSCHER BILDUNGSRAT: Empfehlungen der Bildungskommission – Zur Förderung praxisnaher Curriculum-Entwicklung, Bonn 1974

EHRHORN, E.: Mehr Geld allein genügt nicht – Pflegekräfte fordern eine Weiterbildung auf Universitäten, in: Frankfurter Rundschau vom 21. 10. 1989

ERATH-VOGT, A./BÖCK, D./KÖHLE, K.: Das Erstgespräch der Schwester mit dem Patienten, in: DKZ 2/1980 (Beilage)

FIECHTER, V./MEIER, M.: Pflegeplanung, Basel 1981

FLAMMANG, A./MARKWARD, R.: Berufsbild, berufliche Motivation und Informationsstand von Krankenpflegeschülern – Eine Untersuchung aus Luxemburg, in: Die Schwester/Der Pfleger 7/1985, S. 565 ff.

FREY, K./SANTINI, B./BOSSART, K./NIEDERMANN,A.: Legitimation und Entwicklung einer neuen Schule, in: ZfPäd 1976, S. 253 ff.

v. FRIEDEBURG, L. (im MITBESTIMMUNGS-INTERVIEW): Nichts scheidet schärfer zwischen den sozialen Gruppen als die Schule, in: Die Mitbestimmung 4/90, S. 243 ff.

GARLICHS, A.: Grundschulreform als Curriculumreform?, in: GARLICHS, A./KNAB, D./WEINERT, F. E. (Hg.): CIEL II Fallstudie zu einem Förderungsprogramm der Stiftung Volkswagenwerk zur Elementarerziehung, Göttingen 1983, S. 15 ff.

GEISSLER, T./THOMA, P. (Hg.): Medizinsoziologie – Eine Einführung für medizinische und soziale Berufe, Frankfurt a. M./New York 1979 (2. Aufl.)

150

GIEL, K./HILLER, G.G.: Verfahren zur Konstruktion von Unterrichtsmodellen als Teilaspekt einer konkreten Unterrichts-Reform, in: ZfPäd 1970, S. 739 ff.

GIEL, K./HILLER, G.G./KRÄMER, H.: Stücke zu einem mehrperspektivischen Unterricht – Aufsätze zur Konzeption 1, Stuttgart 1974

GIEL, K./HILLER, G.G./KRÄMER, H.: Probleme der Curriculumkonstruktion in Vor- und Grundschule, in: GIEL/HILLER/KRÄMER a.a.O., S. 12 ff.

GIEL, K.: Perspektiven des Sachunterrichts, in: GIEL/HILLER/KRÄMER a.a.O., S. 34 ff.

GOLOMBEK, G.: Die neue Ausbildungs- und Prüfungsverordnung für die Krankenpflege, in: Die Schwester/Der Pfleger 25. Jahrg. 12/86, S. 1003 ff.

GRAUHAN, A.: Widersprüche und Tendenzen der Krankenpflege heute, in: Evangelische Akademie Baden (Hg.): Zukunft der Krankenpflege – Krankenpflege der Zukunft, Bad Herrenalb 1984

GÜNTERT, B./ORENDI, B./WEYERMANN, U.: Die Arbeitssituation des Pflegepersonals – Strategien zu Verbesserung, Bern/Stuttgart/Toronto 1989

GUSSMANN, V./DORTMUNDT, F./BERTRAM, R.: Beurteilung der praktischen Ausbildung im Krankenhaus, in: Die Schwester/Der Pfleger 1/1986, S. 64 ff.

HAFT, H./HAMEYER, U. (Hg.): Curriculumplanung – Theorie und Praxis, München 1975

HAFT, H./HAMEYER, U.: Curriculumplanung als Ort der Vermittlung von Erkenntnis- und Handlungsprozessen, in: HAFT/HAMEYER (Hg.) a.a.O., S. 11 ff.

HAMEYER, U./FREY, K./HAFT, H. (Hg.): Handbuch der Curriculumforschung, Weinheim/Basel 1983

HAMEYER, U./FREY, K./HAFT, H.: Einführung, in: HAMEYER/FREY/HAFT (Hg.) a.a.O., S. 11 ff.

HANNICH, H.-J.: Burnout und Streß, in: Krankenpflege 7–8/1988, S. 336 ff.

HAUSER-DYJAS, G.: Statement einer Gruppe von Krankenpflegeschülern/-innen, in: DKZ 9/1988 (Beilage), S. 23 ff.

HEIPCKE, K./MESSNER, R.: Curriculumentwicklung unter dem Anspruch praktischer Theorie, in: HAFT/HAMEYER (Hg.) a. a. O., S. 37 ff.

HENNINGER, J.: Schonfrist vorbei – Krankenpflegegesetz – Anspruch und Wirklichkeit, in: Dr. med. Mabuse, August/September 1989, S. 22 ff.

v. HENTIG, H.: Welche Bedeutung haben Curriculum-Materialien für die Institution Schule?, in: Neue Sammlung 1982, S. 15 ff.

HILLER, G. G.: Zu Theorie und Praxis der Curriculumentwicklung aus der Sicht der konstruktiven Didaktik, in: HAFT/HAMEYER (Hg.) a. a. O., S. 98 ff.

HOFFMANN, D.: Kritische Erziehungswissenschaft, Stuttgart/ Berlin/Köln/Mainz 1978

JACOBS, P.: i.v.-Injektionen durch das Krankenpflegepersonal – erlaubt oder verboten? – Zur Rechtssituation der Schwestern und Pfleger, Melsungen 1984

JUCHLI, L.: Allgemeine und spezielle Krankenpflege – Ein Lehr- und Lernbuch, Stuttgart 1973 (1. Aufl.)

JUCHLI, L.: Krankenpflege – Praxis und Theorie der Gesundheitsförderung und Pflege Kanker, Stuttgart/New York 1987 (5., überarb. und erw. Aufl.)

KAISER, A.: Legitimationsmodelle in der Curriculumentwicklung, in: HAMEYER/FREY/HAFT (Hg.) a. a. O., S. 597 ff.

KANDERS, M./ROLFF, H.-G.: Bildung hat Konjunktur, in: Die Mitbestimmung 4/90, S. 258 ff.

KLAFKI, W.: Erziehungswissenschaft als kritisch-konstruktive Theorie: Hermeneutik – Empirie – Ideologiekritik, in: ZfPäd 1971, S. 351 ff.

KLAFKI, W.: Handlungsforschung im Schulfeld, in: HAFT/HAMEYER (Hg.) a. a. O., S. 69 ff.

KLAFKI, W: Schulnahe Curriculumentwicklung in Form von Handlungsforschung, in: KLAFKI, W.: Aspekte kritisch-konstruktiver Erziehungswissenschaft, Weinheim/Basel 1976

KLAFKI, W.: Zur Entwicklung einer kritisch-konstruktiven Didaktik, in: DDS 12/1977, S. 703 ff.

KLAFKI, W.: Die bildungstheoretische Didaktik, in: WPB 1/1980, S. 32 ff.

KLAFKI, W.: Neue Studien zur Bildungstheorie und Didaktik, Weinheim/Basel 1985

KNAB, D.: Curriculumreform auf dem Weg zur Schule, in: ZfPäd 1974, S. 177 ff.

KOCH, J. J.: Der Einfluß von Kommunikation, Hierarchie und sozialem Abstand auf die Krankenpflege und den Genesungsprozeß, in: PINDING, M. (Hg.): Krankenpflege in unserer Gesellschaft, Stuttgart 1972

KOHLHAMMER VERLAG: Das Neue Lehrbuch der Krankenpflege, Stuttgart/Berlin/Köln/Mainz 1980

KOTHE, J.: Krankenpflege-Ausbildung Diskrepanz «Theorie und Praxis», in: Die Schwester/Der Pfleger 8/1985, S. 628 ff.

KRÄMER, H.: Themengitter für das Curriculum: Grundschule, in: GIEL/HILLER/KRÄMER a. a. O., S. 82 ff.

KROEKER, L.: Krankenpflege – eine neue Zukunft, in: Krankenpflege 9/89, S. 426 ff.

KRÜGER, F.: Qualifizierte Arbeitszeugnisse, in: DKZ 2/1990 (Beilage)

KRUSE, A. P.: Die Krankenpflegeausbildung in ihrer unklaren Stellung zwischen dualer Ausbildung und Berufsfachausbildung und die Bestrebungen um eine Integration in das Bildungssystem (Sekundarstufe II), in: DKSZ 9/10/11/12/1978 (Beilagen)

KRUSE, A. P.: Berufskunde II: Die Krankenpflegeausbildung seit der Mitte des 19. Jahrhunderts, Stuttgart/Berlin/Köln/Mainz 1987

KURTENBACH, H./GOLOMBEK, G./SIEBERS, H.: Krankenpflegegesetz mit Ausbildungs- und Prüfungsverordnung für die Berufe in der Krankenpflege – Kommentar, Köln/Stuttgart/Berlin/ Mainz 1986

KÜNZLI, R. (Hg.): Curriculumentwicklung – Begründung und Legitimation, München 1975

LANDESSOZIALAMT NIEDERSACHSEN: Stoffverteilungsplan und Lernzielkatalog für die Krankenpflegeausbildung – Die theoretische Ausbildung in den Niedersächsischen Landeskrankenhäusern, Hildesheim 1986

LEMPERT, W.: Wirtschaftliche Interessenverbände, Pädagogik und Berufsausbildung, in: Die Deutsche Berufs- und Fachschule 6/ 1969, S. 401 ff. (1969a)

LEMPERT, W.: Bildungsforschung und Emanzipation, in: Neue Sammlung 4/1969, S. 347 ff. (1969b)

LEMPERT, W.: Leistungsprinzip und Emanzipation – Studien zur Realität, Reform und Erforschung des beruflichen Bildungswesens, Frankfurt a. M. 1971

LEMPERT, W.: Zum Begriff der Emanzipation, in: Neue Sammlung 1/1973, S. 62 ff.

LEMPERT, W.: Neuere Untersuchungen zur Qualität der betrieblichen Lehre in der Bundesrepublik – Eine vergleichende Analyse der Ergebnisse von vier Repräsentativbefragungen, in: Deutsche Berufs- und Fachschule 1/1974, S. 68 ff.

LEMPERT, W.: Aufgaben der Berufsbildungsforschung, in: ZfPäd 1976, S. 57 ff.

LEMPERT, W.: Rezension von U. BÜCHNERs Arbeit: Der Gewerbelehrer und die industrielle Arbeit, in: Zeitschrift für Berufs- und Wirtschaftspädagogik 1981, S. 67 ff.

LIEBSCH, H.: Wie gut ist die Krankenpflegeausbildung heute?, in: RECOM MONITOR 1/1988, S. 43 ff.

LOSER, F.: Konzipierung von Lernsituationen im Curriculum, in: HAMEYER/FREY/HAFT (Hg.) a. a. O., S. 441 ff.

MAIER, M.: Der Wirklichkeitsschock oder Warum verlassen die Schwestern die Pflege?, in: Das Schweizer Spital 7/1979, S. 391 ff.

MALZAHN, P.: Die psychosoziale Situation des Patienten, in: GEISSLER/THOMA (Hg.) a. a. O., S. 253 ff.

MARQUARDT, H./ZEUS, P.: Ausbildungsplanung und Unterrichtsgestaltung; 1. Folge: Lernziele für die praktische Ausbildung von Krankenpflegeschülerinnen und -schülern, in: Die Schwester/ Der Pfleger 12/1989, S. 974 ff.

MESSNER, R.: Funktionen der Taxonomien für die Planung von Unterricht – Kritische Anmerkungen zur Verwendung der Taxonomien von BLOOM, KRATHWOHL und ihren Mitarbeitern in didaktischen Entwicklungsprozessen, in: ZfPäd 6/1970, S. 755 ff.

MEYER, H.: Leitfaden zur Unterrichtsvorbereitung, Frankfurt a. M. 1989 (9. Aufl.)

MISCHO-KELLING, M./ZEIDLER, H. (Hg.): Innere Medizin und Krankenpflege, München/Wien/Baltimore 1989

MISCHO-KELLING, M.: Theoretische Grundlagen der Pflege, in: MISCHO-KELLING/ZEIDLER (Hg.) a. a. O., S. 1 ff.

MÖLLER, C.: Technik der Lernplanung, Weinheim 1971 (3. Aufl.)

MÖLLER, C.: Die curriculare Didaktik oder: Der lernzielorientierte Ansatz, in: WPB 4/1980, S. 164 ff.

MOSER, H.: Handlungsorientierte Curriculumforschung – Konzeption und Kritik, in: HAFT/HAMEYER (Hg.) a. a. O., S. 113 ff.

MULKE-GEISLER, M.: Lassen sich Defizite der Krankenpflegeausbildung durch Integration von TZI-Elementen ausgleichen?, 1. Folge in: DKZ 1/1982 (Beilage), S. 1ff.; 2.Folge in: DKZ 4/1982 (Beilage), S. 22ff.

MÜLLER, E.: Die Entwicklung des Eigenständigkeitsbegriffes in der
Krankenpflege, in: DKZ 3/1983 (Beilage)

MÜLLER, K. R.: Modellversuch zur pädagogischen Qualifizierung
betrieblicher Ausbilder – Bericht über die wissenschaftliche Beglei-
tung der Modellseminare XV und XVI (Hg.: Bayrisches Staatsmi-
nisterium für Arbeit und Sozialordnung), München 1982

NESTLE, W.: Curriculumtheorien im Bereich von Schulfächern und
Lernfeldern, in: HAMEYER/FREY/HAFT (Hg.) a.a.O.,
S. 103ff.

ÖSTERREICHISCHES BUNDESINSTITUT FÜR GESUND-
HEITSWESEN: Curriculum Allgemeine Krankenpflege – zweiter
Jahrgang, dritter Jahrgang, vierter Jahrgang, Wien 1983

ÖTV-FORTBILDUNGSINSTITUT FÜR BERUFE IM SOZIAL-
UND GESUNDHEITSWESEN (STIEGLER): Litera-Tour –
Bücher, Neuerscheinungen, Tips – Curriculum: Theoretische
Ausbildung in der Krankenpflege, in: Recom Monitor 4/89
S. 26ff.

OSTNER, I./BECK-GERNSHEIM, E.: Mitmenschlichkeit als Beruf
– Eine Analyse des Alltags in der Krankenpflege, Frankfurt/New
York 1979

PFEIL SCHNEIDER, O.: Die Frau als Krankenpflegerin, in: Die
Krankenpflege 2. Jahrg. 1903, S. 91ff.

PINDING, M./THOMAE, J./KIRCHLECHNER, B.: Krankenschwestern in der Ausbildung, Stuttgart 1972

PRÖLL, U./STREICH, W.: Arbeitszeit und Arbeitsbedingungen im
Krankenhaus, Dortmund 1984

RAMGE, C.: Gesichtspunkte einer Pflegedienstleitung, in: DKZ
9/1988 (Beilage), S. 17ff.

RECOM-MONITOR: Thema «Ohne Pflege keine Zukunft», verschiedene Beiträge in Heft 1/1989, S. 4 ff.

REETZ, L./SEYD, W.: Curriculumtheorien im Bereich der Berufsbildung, in: HAMEYER/FREY/HAFT (Hg.) a.a.O., S.171ff.

REICH, K.: Curriculumtheorien im Bereich von Unterricht und seiner Didaktik, in: HAMEYER/FREY/HAFT (Hg.) a.a.O., S.139ff.

ROBINSOHN, S.B.: Bildungsreform als Revision des Curriculum und ein Strukturkonzept für Curriculumentwicklung, Neuwied a.R./Berlin 1972 (3. erw. Aufl.)

RITTER, S./HOHMANN-FAUST, H./DR. SCHMIDT: Neues Berufsbild? – Interview zur Krankenpflege-Ausbildung, in: Dr. med. Mabuse, August/September 1989, S. 25 ff.

ROPER, N./LOGAN, W.W./TIERNEY, A.J.: Die Elemente der Krankenpflege, Basel 1989 (dt. 2. Aufl.; am. 1966)

RÜLCKER, T.: Modelle zur Planung und Organisation von Currriculumprozessen, in: HAMEYER/FREY/HAFT (Hg.) a.a.O., S. 221 ff.

SCHELL, W.: Krankenpflegegesetz mit Ausbildungs- und Prüfungsverordnung – Handbuch zur Aus- und Weiterbildung, Bonn 1987

SCHNEIDER, G.: Selbstverständnis und Strukturen der Wirtschaftspädagogik, Frankfurt a.M./Bonn/New York/Nancy 1984

SCHRÖCK, R.A.: Forschung in der Krankenpflege: Methodologische Probleme, in: Pflege, Band 1, 1988, Heft 2, S. 84 ff.

SCHRÖCK, R.A.: Forschung als Grundlage für das Lernen und Lehren in der Krankenpflege, in: Pflege, Band 2, 1989, Heft 1, S. 5 ff.

SCHRÖCK, R.A.: Die Pflege als Gegenstand der Forschung, in: DKZ 5/1989, S. 288 ff.

SCHULTE, H.: Alltagswissen als ein Bestimmungsfaktor curricularer Lernereignisse, in: HAMEYER/FREY/HAFT (Hg.) a.a.O., S. 375 ff.

SCHULZ, W.: Die lerntheoretische Didaktik, in: WPB 2/1980, S. 80ff.

SCHWARZ-GOVAERS, R.: Von einem krankheitsorientierten zu einem patientenorientierten Krankenpflegeunterricht, 1. Teil, in: DKZ 6/1983 (Beilage) (1983a)

SCHWARZ-GOVAERS, R.: Von einem krankheitsorientierten zu einem patientenorientierten Krankenpflegeunterricht, 2. Teil und Schluß, in: DKZ 7/1983 (Beilage) (1983b)

SIEBERT, H.: Curricula für die Erwachsenenbildung, Braunschweig 1974

SIEGER, M. / BOECKMANN, I. / KORPUS, B. / NISSEN, J. / PARTZ, R.: Lehrerhandbuch zur Planung und Gestaltung der Krankenpflegeausbildung, Hagen 1986

SIEGRIST, J.: Arbeit und Interaktion im Krankenhaus, Stuttgart 1978

SPRONDEL, W. M.: «Emanzipation» und «Professionalisierung» des Pflegeberufs – Soziologische Analyse einer beruflichen Selbstdeutung, in: PINDING, M. (Hg.) a. a. O.

STATISTISCHES BUNDESAMT (Hg.): Statistisches Jahrbuch 1989 für die Bundesrepublik Deutschland, Wiesbaden 1989

STEPPE, H.: Der Wille schwach – das Handeln unbestimmt, Krankenpflege als Frauenberuf, in: dg 11/1985, S. 30f. (1985a)

STEPPE, H.: Die historische Entwicklung der Krankenpflege als Beruf – Auswirkungen dieser Entwicklung auf heutige Strukturen, in: DKZ 5/1985 (Beilage) (1985b)

STEPPE, H.: Pflegetheorien und ihre Bedeutung für die Praxis, in: Die Schwester/Der Pfleger 4/1989, S. 255ff.

STEPPE, H.: Das Selbstverständnis der Krankenpflege, in: DKZ 5/ 1990 (Beilage)

STICKER, A. (Hg.): Die Entstehung der neuzeitlichen Krankenpflege, Stuttgart 1960

TAUBERT, J.: Die Leistungen der Unterrichtsschwester/des Unterrichtspflegers für die Krankenpflege und Kinderkrankenpflege in Theorie und Praxis, in: DKZ 9/1989 (Beilage), S. 6ff.

THOMA, P.: Das Krankheitsverständnis in medizinischer Theorie und Praxis, in: GEISSLER/THOMA (Hg.) a. a. O., S. 31ff.

TREML, A. K.: Zielbestimmung und Zielanalyse, in: HAMEYER/FREY/HAFT (Hg.) a. a. O., S. 427ff.

VOGEL, A.: Krankenpflegeunterricht – Didaktik und Methodik, Stuttgart 1979

VOIGT, W.: Einführung in die Berufs- und Wirtschaftspädagogik, München 1977 (2. Aufl.)

WANNER, B.: Lehrer zweiter Klasse? Historische Begründung und Perspektiven der Qualifizierung von Krankenpflegelehrkräften, Frankfurt a. M./Bern/New York/Paris 1987

WEINELT, U.: Die Unterrichtsschwester/der Unterrichtspfleger und ihr/sein Verhältnis zu den Schülern in allen Bereichen der Ausbildung, in: DKZ 9/1988 (Beilage), S. 21ff.

WILHELM, J./BALZER, E.: Intensivpflege zwischen Patient und Medizin – Soziologische Untersuchungen zum Verhältnis von Pflegenden und Ärzten auf Intensivstationen, in: DEPPE, H.-U./FRIEDRICH, H./MÜLLER, R. (Hg.): Das Krankenhaus: Kosten, Technik oder humane Versorgung, Frankfurt a. M./New York 1989

WINKEL, R.: Die kritisch-kommunikative Didaktik, in: WPB 5/1980, S. 200ff.

WITTNEBEN, K.: Die Unterrichtsschwester/der Unterrichtspfleger und ihre/seine Stellung im Bildungssystem und Tarifgefüge, in: DKZ 9/1988 (Beilage), S. 25ff.

WHO, TECHNISCHE BERATUNGSGRUPPE DER WELTGESUNDHEITSORGANISATION – REGIONALBÜRO FÜR EUROPA: Ausbildung von Krankenpflege- und Hebammenpersonal, in: DKZ 7/1979 (Beilage)

WODRASCHKE, G./DREYMÜLLER, M.V./GRANDEJAN, J./MAGAR, E.D.: Curriculum: Theoretische Ausbildung in der Krankenpflege», Freiburg i.B. 1988

ZÄNGLE, M.: Einführung in die politische Sozialisationsforschung, Paderborn 1978

ZIMMER, J.: Ein Bezugsrahmen vorschulischer Curriculumentwicklung, in: ZIMMER, J. (Hg.): Curriculumentwicklung im Vorschulbereich Band 1, München 1973, S. 9ff.

Gesetze, Verordnungen

- Ausbildungs- und Prüfungsordnung für Krankenschwestern, Krankenpfleger und Kinderkrankenschwestern vom 2. August 1966 (BGBl. I S. 462)
- Ausbildungs- und Prüfungsverordnung für die Berufe in der Krankenpflege (KrPflAPrV) vom 16. Oktober 1985
- Berufsbildungsgesetz (BBiG) vom 14. August 1969 (BGBl. I S. 1112)
- Europäisches Übereinkommen über die theoretische und praktische Ausbildung von Krankenschwestern und Krankenpflegern vom 25. Oktober 1967
- Gesetz über die Berufe in der Krankenpflege (Krankenpflegegesetz – KrPflG) vom 4. Juni 1985 (BGBl I S. 893)
- Gesetz zur Förderung der Berufsbildung durch Planung und Forschung (Berufsbildungsförderungsgesetz – BerBiFG) vom 23. Dezember 1981 (BGBL. I S. 1692)
- Krankenpflegegesetz vom 15. Juli 1957 in der Fassung vom 20. September 1965 (BGBl I S. 1443)
- Niedersächsisches Schulgesetz in der Fassung vom 6. November 1980 (NIEDERS. BVBL. S. 4259)